基督教真相

——对十八世纪的回忆兼论十九世纪的危机

〔德〕布鲁诺·鲍威尔 著

李彬彬 译

Bruno Bauer

DAS ENTDECKTE CHRISTENTUM

Eine Erinnerung an das achtzehnte Jahrhundert und
ein Beitrag zur Krisis des neunzehnten.

Eugen Diederichs Verlag in Jena

本书根据耶拿欧根·迪德里希斯出版社 1927 年版译出

本书系国家社科基金一般项目"马克思对黑格尔主义的批判与唯物史观的创立研究"（项目批准号 22BKS006）的阶段性成果

恩斯特·巴尼克尔《三月革命之前的"基督教真相"》一书封面

ERNST BARNIKOL
DAS ENTDECKTE CHRISTENTUM IM VORMÄRZ
BRUNO BAUERS KAMPF GEGEN RELIGION UND CHRISTENTUM UND ERSTAUSGABE SEINER KAMPFSCHRIFT

VERLEGT BEI EUGEN DIEDERICHS IN JENA 1927

恩斯特·巴尼克尔《三月革命之前的"基督教真相"》一书扉页

DAS ENTDECKTE CHRISTENTUM

Eine
Erinnerung an das achtzehnte Jahrhundert
und ein Beitrag zur Krisis des
neunzehnten.

Von

BRUNO BAUER

Zürich und Winterthur,
Druck und Verlag des literarischen Comptoirs.
1843.

《基督教真相》1843 年版扉页

Inhaltsverzeichnis

	(Druck) (1843:) Seite	(Druck) (1927:) (Seite)
Vorrede	V	(87)
§ 1. Die Hölle	1	(89)
I. Die Unseligkeit des religiösen Bewußtseins.		
II. Die Unsicherheit des religiösen Bewußtseins.		
III. Die Furcht und Unfreiheit des religiösen Bewußtseins.		
IV. Die Gewalttat der Offenbarung.		
V. Das Unglück des religiösen Bewußtseins.		
VI. Das Spiel der Willkür.		
§ 2. Der Teufel	26	(104)
§ 3. Die liebreiche Religion	33	(109)
§ 4. Die religiöse Aufdringlichkeit	39	(113)
§ 5. Die Bosheit der theologischen Apologetik	44	(116)
§ 6. Die privilegierte Wahrheit	53	(122)
§ 7. Das jüngste Gericht	57	(124)
§ 8. Der Haß gegen die Wissenschaft und weltliche Tätigkeit	61	(127)
§ 9. Die Indolenz und der Hypochonder	65	(129)
§ 10. Die christliche Jungfräulichkeit	68	(131)
§ 11. Die Selbstliebe	72	(134)
§ 12. Die unnatürlichen Gegensätze der Religion	78	(138)
§ 13. Die verkehrte Welt	80	(139)
§ 14. Der Staat	82	(141)
§ 15. Die Ohnmacht der Gläubigen	86	(143)
§ 16. Der theologische Stil	89	(145)
I. Die Deklamation.		
II. Die theologische Beteuerung.		
III. Die theologische Gereiztheit.		
IV. Der theologische Jesuitismus und die Faselei.		
V. Die Aufdringlichkeit der Faselei.		
§ 17. Die Selbstvergötterung	105	(155)
§ 18. Der Materialismus	108	(157)
§ 19. Die letzten Stützen der Religion	116	(162)
§ 20. Die erzürnten Götter	119	(164)

《基督教真相》德文目录页，左侧是1843年原版页码，
右侧是1927年巴尼克尔重印时的页码

目 录

序言 …………………………………………………………… 1

§1 地狱 ………………………………………………………… 5
 Ⅰ 宗教意识的厄运 ……………………………………… 5
 Ⅱ 宗教意识的不安全性 ………………………………… 9
 Ⅲ 宗教意识的恐惧和不自由 …………………………… 14
 Ⅳ 启示的暴力行为 ……………………………………… 18
 Ⅴ 宗教意识的不幸 ……………………………………… 20
 Ⅵ 任意的游戏 …………………………………………… 25

§2 魔鬼 ………………………………………………………… 31
§3 充满爱的宗教 ……………………………………………… 38
§4 宗教的纠缠 ………………………………………………… 45
§5 神学护教派理论之恶 ……………………………………… 50
§6 被赋予了特权的真理 ……………………………………… 61
§7 末日审判 …………………………………………………… 65
§8 对科学和尘世活动的敌意 ………………………………… 70
§9 懒惰和忧郁 ………………………………………………… 75
§10 基督教的童贞女 …………………………………………… 78
§11 自爱 ………………………………………………………… 83

§12 宗教的自然对立 ·················· 90
§13 颠倒的世界 ···················· 93
§14 国家 ·························· 95
§15 信徒的无力 ···················· 99
§16 神学的风格 ····················103
　Ⅰ 夸夸其谈 ····················103
　Ⅱ 神学的担保 ··················106
　Ⅲ 神学的愤怒 ··················108
　Ⅳ 神学的狡猾和愚蠢 ············112
　Ⅴ 愚蠢的纠缠 ··················117
§17 自我的偶像化 ··················120
§18 唯物主义 ······················123
§19 宗教的最后支柱 ················132
§20 被激怒的诸神 ··················135

主要术语译名对照表 ··················136
鲍威尔生平及其主要著述年表 ··········141
布鲁诺·鲍威尔的《基督教真相》············李彬彬 153
译后记 ····························173

序　言

　　18世纪的无神论启蒙,既由于其起源的方式方法及其对欧洲政治转型的影响而值得注意,也由于其消亡及其最近的复兴而同样值得注意。它最近的复兴使它有可能彻底完成其任务。这一无神论启蒙——而非自然神论启蒙——尤其是其中不朽的部分,构成了本书的内容。

　　18世纪的无神论启蒙起源于斯宾诺莎主义与英国人的、被人道主义化的自然神论启蒙的联合,而英国人的、被人道主义化的自然神论启蒙经由伏尔泰已经变得更加灵活、勇敢和普遍了。18世纪的无神论启蒙看起来是不可战胜的。每一个博学的人都提前向它摆出证据,证明它会让世界瓦解。同时,无神论启蒙能够赋予世界一个新的形态,这似乎也是毫无疑问的。

　　斯宾诺莎主义让有局限的自然神论启蒙有了更加宽广的视野,把它从它那依然受宗教束缚的局限性中解放出来了,而且由于它把这种启蒙提升为一个体系,它使这种启蒙不再任性抓瞎。另一方面,斯宾诺莎主义对大全有一种简单的观点,而伏尔泰的启蒙又赋予了斯宾诺莎主义以更大的灵活性,而且给了它把宗教体系分解为其个别部分的方法。

　　这种联合的结果似乎注定是威力无边的,然而恰恰在它的胜利看起来不会再失败的时候,它被一个简单的法令推翻了。它看起来注定会成为人类的共同财富,然而却由于复辟而被遗忘了。

英国的自然神论启蒙和法国人的无神论启蒙之间的区别,就像英国革命和法国革命的区别一样。在那场英国革命中,宗教的狂热是运动的杠杆,它在过去寻找自由,在已经发黄的羊皮书里寻找其权利的保护函。在法国革命中,自由摆脱了宗教的狡猾(Jesuitismus),而且它不是在过去的黑夜中,而是在永恒的权利中寻找自己的权利。这种永恒的权利在过去并不为人知晓,而且只有自由的研究才发现了这种权利。历史从英国革命的伪善和腐朽的局限性进步到法国的国家变革,正如黑夜变为白天。

英国的自然神论想要保持自己为宗教,而且想要为我们发现史前时代的纯粹宗教——它发现真正的、纯粹的基督教与世界一样古老,它把这一发现视为自己的杰作,视为自己正确性的证据——,法国的无神论启蒙证明了,宗教一般是人的精神的自我蒙蔽,而且它让人的精神认识自身,认识自己的真理性和自己从前的非真理性。法国无神论的启蒙是明亮的白昼,它出现在自然神论浓雾弥漫的清晨之后。

尽管如此,罗伯斯庇尔还是能够用一个这样的决议——即存在着一个最高的存在者——就把明亮的白昼变得昏暗;尽管如此,拿破仑还是能够与教皇订立协定。而且其实只有在人民不想拥有任何别的东西的条件下,因此也就是在人民对自由怀有普遍恐惧的条件下,复辟才能在某些时间成功地完全压制光明。

但是,复辟无法永远压制光明!为了完成法国无神论所不能够完成的事情，为了把同非精神、非人、精神的匮乏，以及同不合人性①的整个过去的最后斗争进行到底，受到挤压的精神已经用加强的弹性提升了自己。

法国启蒙的这种软弱无能是从哪里来的呢？它在复辟时期失败和覆灭的源头何在？我们将尝试在一部稍后出版的著作中回答这个问题，那部著作将会研究18世纪的整个启蒙运动的产生、发展、扩张和衰落。②

但是，我们希望通过当前这本著作证明，这个问题值得被提出来，它的答案对于当前不是没有意义的。在当前这本著作中，我们将让上个世纪的无神论和现代的（neuere）批判作为同盟军与最十足的基督教复辟作斗争。

在18世纪的德国启蒙学者中间，我们只能够把埃德尔曼③当作同盟者。关于埃德尔曼的历史地位，我们将在那本稍后出版的历史著作中加以讨论。我们仅仅只能够把他当作同盟者，这对于他的同时代人公平吗？或者说，这对于他本人是一种荣誉吗？这个问题现在即将得到回答。

当前的情况决定了我的著作要在这一时刻完成。但是，我并不

---

① 此处"非精神"原文为"Ungeist"，"非人"原文为"Unmenschen"，"精神的匮乏"原文为"Geistlosigkeit"，"不合人性"原文为"Unmenschlichkeit"。——译者

② 即1841年后连续出版的三卷《18世纪的政治、文化和启蒙历史》。——译者

③ 约翰·克里斯蒂安·埃德尔曼（Johann Christian Edelmann），1698年生于德国魏森费尔斯，1767年卒于柏林，1740年出版的《被揭开面纱的摩西》（Moses mit aufgedecktes Angesichte）和1745年出版又于1746年扩充的《信仰的自白》（Glaubens-Bekenntnis）是其两部代表作，他站在启蒙理性主义的立场上以极端讽刺的笔调反驳《圣经》中的"偶像崇拜"，但是他认为存在着"活上帝"耶稣，《圣经》中的"偶像"歪曲了我们的"活上帝"。耶稣教导爱，而《圣经》和宗教教导恨。——译者

知道，我的著作在当前的情况下是否有可能公开出版。如果它真的出版了，它在审查面前的命运又当如何，这些都还不能预知。

但是有一点是确定的：真理确实像西比勒（Sybille）所说的：压制、查抄、焚毁，随你们怎么样，保留下的最后一页——总会有一页留下来——，其价值相当于全部被驳回、被压制的文献：一个新世界！代价始终是一样的，而历史将会支付这代价。

布鲁诺·鲍威尔[①]
柏林，1843 年 2 月 3 日

[①] 此处作者署名为"B. B."。——译者

§1 地狱

I 宗教意识的厄运

不同类的动物互相猎杀时怒火冲天。人类战争与这种怒火的爆发不同。其不同在于，人类战争的目标是和平，而且交战的各派别知道他们属于一类。

只有一个人类生活领域，其中战争是永恒的，和平是不可能的，类意识[①]（注意，是真正的类意识！）被永永远远、彻彻底底消灭了。

这个领域就是宗教。

宗教差别——即纯粹的、真正的宗教差别，纯粹的、天启宗教信仰中的差别——是永恒的、无法抹平的。每一个派别都相信自己是人的本质的真正表达，因此每一个派别都必定会否定其他的派别，说明其他派别是非人性的，每一派别都与其他派别相疏离，直到其他派别对它而言变得像一个别的动物物种那样陌生。每一个派别都相信只有自己是永恒的，因此每一个派别必然会排斥其他派

[①] "类意识"原文为"das Bewußtsein der Gattung"。——译者

别的永恒性,或者毋宁说,它从而给自身唯一的、排他的合法性打上了永恒的印记,并永远诅咒其他的派别。

由于这个派别诅咒其他的派别,它必然一直携带着这样的意识,即它自己也在被其他派别诅咒。每个派别都在诅咒其他派别,也在被其他派别永恒地诅咒着。

没有派别的人承认,这种对立是宗教意识的必然结果,而且如果它纯粹地、公开地,同时又不带任何隐秘的和利己主义的偏见承认这种对立的话,它就已经摆脱了它。埃德尔曼说,

> 某些宗教在特定的条件下允诺给我们一个更美好的未来生活,这些条件是如此让人反感和彼此对立,以至于人们不可能确定地希望从这些条件中获得某种东西,因为依据一个宗教,上帝由于某个原因应该应允我们永远幸福,而依据另一个宗教的托词,上帝由于同一个原因必然永远诅咒我们并让我们不幸。①

宗教意识不能自由地说出并承认这种对立,因为宗教意识本身就是这种对立。

它暂时只有一种关于自身对立的感觉。但是,这是一种什么样的感觉啊!当它诅咒别的宗教,它也在被别的宗教诅咒。因为它颁布了永远遭受诅咒和厄运的命令,它表明了自己本身永恒的厄运。

---

① Edelmann, *Glaubens-Bekenntnis*, 1746, S. 247.

§1 地狱

尽管它打算仅仅诅咒宗教意识的另一种规定性——即不同于它自身的另一种规定性。然而，对于它所诅咒的那些宗教意识的规定性而言，它本身难道不是同一种意识的另一种规定性吗？尽管它相信，因为它是被另一个派别激发出来的，所以它能够超越其他派别对它的诅咒而使自身获得宁静。只是，它难道就不诅咒自身吗？诅咒别人，难道不是存在于特定的、现实的宗教意识的本质之中吗？因为它在现实性上也只不过是宗教意识的一种规定性，如果它作为这种规定性必须诅咒宗教意识的每一种规定性，它不也必须诅咒它自身吗？

因此，如果宗教意识的每一种规定性也都冒充自己是宗教本身，那么这种自我欺骗也不会持续太长久，因为这种自我欺骗太过于肤浅，而且在人生活的每一个瞬间都会遭到反对。各种宗教观点之间的斗争和各种信仰形式之间的斗争让宗教意识的每一种规定性都感受到了它只是一种规定性；每一种规定性都限制了其他的规定性，每一种规定性都是刺入其他规定性的血肉之中的刺，也就是说，每一种规定性作为规定性，都是它自身的痛苦、折磨和厄运。——这种厄运是永恒的，因为每一种规定性都会永远诅咒其他规定性，而且只有在它享受其他规定性对它的永恒诅咒之时，它才能确证自身的自我感觉。

通过对宗教意识其他诸规定性的激烈反应，宗教意识的规定性避免了坦白其内在的厄运，同时也避开了正确地说明自己的不满意。它通过对其他诸规定性的斗争来平息、掩盖并安抚它对自身局限性的恼怒。而这些其他规定性通过同样的斗争一再让它回忆起，它只不过是一种有局限的规定性。与外在局限的摩擦让每一种特定的信仰形式对自身内在的局限都有了自我感觉,这种感觉的厄运推动着每一种信仰形式超出自身,去压迫其他信仰形式,亦即始终只是造成对自身局限的同一种不幸的经验。这种斗争是一种无止境的斗争,不幸也是永恒的斗争。为了扬弃陌生感,诸动物物种间相互撕咬、噬食;但是它们不知道,一个物种对另一个物种的撕咬和吞食是它们之间的陌生性的统一和扬弃——它们缺少普遍的人的意识——,因此斗争成了无止境的东西。保留下来的就是仇恨:

> 越多的信仰出现在这个世界上——信仰在我们这个时代说的只是唯一的基督徒信仰,而按照经验来说信仰却有无限多种——人与人之间所表达出来的爱就越少,而且在信仰占据统治地位的地方,爱能够充分地表现出来,这是完全不可能的,因为没有什么比恨与爱的对立更强烈的了,如果人的感情不能或者不愿意沉浸于信仰所沉浸其中的固执想法的话①,信仰加在人的性情上的东西就是恨。②

这种仇恨是无法消除的,因为它的火焰必然会温暖特定的信仰形式而且会支撑起它的生命。

即使在其最微弱且最不确定的形式中——只要它一般而言还一息尚存,只要历史变迁还没有断送它的统治地位——信仰也能够期

---

① 此处"沉浸于固执想法"的原文为"die Grillen fangen"。——译者
② Edelmann, *Glaubens-Bekenntnis*, S. 318.

待,仇恨的那种烈火将在冲动中维持它的生命精神。其实,信仰本身越古老、越虚弱,这种冲动就将越可怕、越残暴。老人被青年人的激情(Leidenschaften)折磨,而又不齿于在整个世界面前迁就这种激情。现代经常已经为我们提供了足够多的这种老人的景象,而且甚至是强迫我们看到这些景象。

但是,始终不变的是:仇恨是必然的。当所有的生命力量都消失时,当已经赋予了整个世界以新形态的热情(Enthusiasmus)也都流逝时,只有仇恨还保留下来了。

对自身的不独立性和不安全性的感觉与仇恨一起保留下来了。5 对于那些仇恨构成其本质的人来说,对于那依旧为自身具有唯一的有效性、永恒的合法性和绝对的独立性等想法而自我膨胀的人来说,这种感觉使他遭受了地狱的痛苦。

Ⅱ 宗教意识的不安全性

宗教意识存在于特定的形式之中,它在其每一种特定形式中都想要成为唯一有效和唯一处于统治地位的,因此每一种形式都必然会激烈地反对其他形式。每一种形式都必然会仇恨其他形式。每一种形式的规定性只有靠其他形式的限制才可能存在,因此,每一种形式都有一个规定了它自己并赋予它自己以立场的核心,但是这个核心不在其自身之中,而是在自身之外的形态中。每一种规定性都必定会仇恨其他的规定性,而且离开这些别的规定性也不可能存在下去:——由此产生了宗教意识固有的、不幸的不安全感,——

这是一种不安全感和无家园感①，只有这种感觉是它与动物还共有的。但是，宗教意识的每一种形式都抗拒作出如下的坦白，即它只有通过其他的规定性才是这种规定性；只有在自己的不安全感中它才感觉到自身对其他规定性的依赖性；但是这种依赖性对它而言是一种可怕的痛苦，是一件非常大的麻烦事。它不仅必须用自己仇恨的烈火来激烈地反对这种麻烦，而且必须依靠暴力提升自己来反对它。"教派是基督教的基础，不宽容和迫害的精神是每一个教派的本质。在基督教看来，宽容与对宗教冷漠是同一的。"——它违背了造物主如下的话："不与我同在，即是在反对我"②，是一种犯罪和可耻的粗心大意。

每一个教派都必然会像对待恶魔一样憎恶其他教派——例如，路德派和宗教改革派在这个蓬勃发展各自教派的时代互相控告、诋毁对方是"魔鬼"。他们这么做是有理的！——因为每一个教派通过其自身的单纯存在就已经证明了，其他教派关于它们自身是真理的普遍存在这一非分要求，只是一个非分要求而已。因此，每一个教派必然会用尽一切手段，动用暴力去迫害其他教派，迫害那个控告其局限性的恶魔，在一个教派的全盛时期，火和剑是最好的、最有效的手段。埃德尔曼说："在那些由于奴隶般的心智而维持着偶像崇拜的恶棍中间，残暴的福音派信徒就是火和剑。"③

为了永恒纪念路德教派对他们兄弟的温和态度，在德累斯

---

① 此处"不安全感和无家园感"的原文为"ein Gefühl der Unsicherheit und Unheimlichkeit"。——译者
② Boulanger, *Le christianisme dévoilé*, A. Londres 1767, S. 222, 225.
③ Edelmann, *Moses mit aufgedeckten Angesichte*, II, S. 59.

§1 地狱

顿砍下著名的克雷尔总理① 头颅的那把利剑上写着,"加尔文派,小心了!"(Calviniane cave!),亦即:亲爱的加尔文派弟兄们,如果你爱惜自己的脑袋,就远离萨克森。这把剑还被保存在德累斯顿的军械库里。②

没有比宗教仇恨更加恐怖的仇恨了,没有比宗教的迫害欲更加空洞的愤怒和激情了,因为不安全性让迫害有了一种热烈的和幽灵般的特征,而不安全性根源于这样一种黑暗的感觉,即每一个教派在攻击和残害其他教派时,恰恰是在攻击和残害自身规定性的根源、自己本身形式的支撑、自己生命的中心。

追求在理论上调和对立面,亦即像在科学斗争中那样追求普遍意识的进步,与各个宗教教派都是无关的。相反,它们关注的是完全排斥对方这一实践问题,即它们关注的是不能一下子彻底解决的问题。因为如果一个教派关于它相对于其他教派具有排他性效力这一自我感觉没有熄灭的话,那么这个教派就不会消亡。宗教斗争就是一个与这些仇恨的牺牲品同玩的残忍游戏。而仇恨在过度旺盛和过度虚弱时所关心的都只是自己不要缺了牺牲品。假如没有

---

① 尼古拉·克雷尔(Nikolaus Crell,约1551年生于莱比锡,卒于1601年10月9日),萨克森选帝侯的总理。大约1580年开始为萨克森选帝侯克里斯蒂安一世服务,1589年被任命为总理。其宗教信仰为加尔文教派,试图用自己的宗教信仰取代萨克森正统的路德教,任命了大量加尔文派公职人员,疏远萨克森的传统友邦并与信奉加尔文派的巴拉丁奈特选帝侯结盟。克雷尔偏离正统派的种种举措,其独裁的作风,以及民众对其身居高位的嫉妒使得这位总理变得越来越不受欢迎。1591年10月选帝侯去世之后,克雷尔就被投进监狱,1601年在德累斯顿被一把刻有"加尔文派,要小心了"的宝剑砍头。——译者

② Edelmann, *Moses mit aufgedeckten Angesichte*, I, S. 59.

什么东西是仇恨不得不再去消灭的,那么它也会一起衰落;假如仇恨不再有生机,教派本身也会与它一起迷失。

即使整个对立面没有被完全屠杀,即使整个对立面不可能被完全屠杀而且也必然无法被完全屠杀,牺牲品也总是在死亡。个别的牺牲品都是有代表性的、象征性的牺牲品。他们的死亡是他们所属的整个教派应当承受的死亡。他们为了自己的兄弟而死,而他们的兄弟则为了最后的审判被保存下来了,亦即为了这个目的——为了仇恨和愤怒永远不至缺少对象,不至缺少刺激和满足——而被保存下来了。

有一种宗教吹嘘自己已经完全废除了以人作牺牲品,没有哪种宗教像这种宗教那样要求这么多的人作牺牲品了,也没有哪种宗教像它那样以如此无耻的方式屠杀人了。

埃德尔曼说:

真实的情况是,基督教的那些神父并没有像异教的巫师那样,在祭台上或者在庙宇里献祭那些由于遭受死刑就能被想象成是在为上帝服务的人,而是把这些人转交给了刽子手和执行死刑的人,他们必然会在监狱里、在酷刑架上或在其他不正当的地方杀掉这些牺牲品。然而,我要问每一个理性的心灵,在这两位充满自我幻想的上帝中,哪一个上帝对待人是最残忍的?是异教徒的上帝,还是基督徒的上帝?异教徒的上帝甚至会用一种正派的方式,通过神圣的牧师,在一个已经变得庄严的地方,并且通过一种快速且不太折磨人的方式,将那些为他献身的牺牲品们处死;基督教的上帝则把那些为了他的缘故而被处死的、可怜的创造物（同时这些创造物也是按照他的形象而创造的、他的应然性创造物）交给了最残忍的执法官和刽子手，这些执法官和刽子手会用无法描述的刑讯逼供来折磨那些人，用一种慢性的、非常伤感的死刑，在污秽又不光彩的地方处死他们。①

但是，并不仅仅是某一个教派要求其他教派成为有罪的祭品、去完成必要的人类祭祀，而是说，每一个教派都为了自己的原则而把它自身的信众牺牲掉了，因为它命令他们牺牲掉的，恰恰是那使他们成为人的东西——理性。谁要是想要成为人，想要思考，想要自己是自由的，那么他就对自己的教派犯下了最大的背叛，因为他想要把自己视为真正普遍的，因此想要超出特殊教派的优先权（Prärogative），同时也超出特殊教派的局限性。因此，只有当自身的信众处于持续的恐惧之中时，教派才存在。就像一位暴君只有在内部敌人面前才存在一样，最亲近的家庭成员能够在他毫不知情的情况下密谋着反对他，或者已经在密谋反对他。教派总是遭到背叛，因为它把思考叫作背叛；它总是遭到密谋，因为它把科学研究叫作密谋。它总是遭到绝望的攻击。所有人性的东西对于它而言都是可疑的，而且是必须受到惩罚的。它由于愉悦的面容而战栗，因为这样的面容可能是一种归于尘世而非天国之心情的馈赠。然而，教派也必然不信任忧郁，因为忧郁可能源自对它的暴行的不满。因此，教派对那些可疑的人喊出了它最爱的箴言：你们是罪人，罪人，罪人！为了破坏愉悦，为了让忧郁朝向正确的、唯一合法的方

---

① Edelmann, *Glaubens-Bekenntnis*, S. 309, 310.

向，同时也是为了针对那些推动思想走向公开反叛的人，它编造出了一种新的献祭死亡——即通过审查将其扼杀。

在思维时，在写作时，在批判的火热冲动里，我不再是为了教派及其各种狭隘前提活着，而是为了类及其自由而活着。思维是真正的类过程，它产生了一个有精神的人，即人类本身（die Menschheit Selbst）。教派从前的执法官所牺牲的始终只是一，只是一个个别的人；当审查制度压制了一本科学的著作时，它向教派献祭了人类，献祭了人类的自由和历史。教派的恐惧越是增加，历史将战胜教派的危险越是迫近，这些献祭也就变得越是常见、恐怖、野蛮和暴力。

教派的残忍源于恐惧和不自由。所谓恐惧就是对自身平静的恐惧，所谓不自由就是对自由的恐惧。

III 宗教意识的恐惧和不自由

对不自由的恐惧、受到压制的情感，以及由不信任自然法则和历史法则所带来的痛苦，这些构成了宗教的本质和起源。受到压制的情感不仅不信任人类、类和自我意识，而且甚至从来没有勇气把自身提升到人类的思想和自我意识的普遍性。

当法国人教导说，"无知、贫穷、不幸和恐惧让人第一次有了神（Gottheit）的观念"[①] 时，他们并没有走太远。

无论如何，在虔信者完成了不可能的事或者停止向我们布道之前，至少没有任何虔信者会不同意，是"不幸、痛苦、疾病、贫穷和

---

① Baron Holbach, *Système de la nature*, Tom. I, Chap. XVIII.

迫害把人引向了上帝"。

历史赞同法国人：在世界变得不幸而一直以来支撑着世界的支柱被摧毁了的时候，基督教出现了。

圣经的教导是，上帝惩罚他爱的人是为了把他引向自己。受苦受难的人、贫穷的人、痛苦的人和悲痛的人才是有福的人。

如果我们把虔信者的话和圣经的话用正确的、非宗教的表达说出来，同时如果我们把握住了历史的证据，那么，法国人也不会反对我们下面的说法：宗教是人的受动性，这受动性已经固定了，是可以直观到的，是人所希望的，并且已经被提升为了他的本质；宗教是人能够附加给自己的最高的痛苦，是人的恐惧，是人的精神贫乏和空虚，这种精神贫乏和空虚已经被提升为了他的本质；宗教是世界的不幸，这不幸被视为世界的本质，是人所希望的，并且已经固定的了。

充分发展的宗教就是这个世界的充分发展的不幸。

宗教启蒙还是有局限的、胆怯的启蒙。在宗教启蒙的顶点，在泛神论的立场上，有这样的说法："上帝是一切定在（Dasein）中的存在，是一切思维中的思维。"毋宁说，只有以正确的方式把否定引入这句话之中，这句话才是正确的：上帝是一切现实存在的非存在，是一切现实思维中的非思维，是思维的限制，或者毋宁说是思维的局限性，是思维的被客观化了的局限性和偏见，同时思维的这种局限性和偏见已经被提升为了一种独立本质。在接近"自己才智边界"的地方，人看见了一个本质的起点，这个本质与人是不同的。人会发现，这个边界只是其理智的一条偶然的、至多说来历史性的边界，这条边界只是他自己和历史的边界，因此也将使其力量的发展、类和历史的进步消失不见。就好像这局限不只是他的局限,也是人类的局限似的,就好像这局限在这一刻、在这种立场上只是把他与其自身固有的本质隔绝开了,只是把他与进步中的人类隔绝开了似的!超出这局限之上的是你自身,是类。再耐心些,历史将向你证明这一点!胆怯的人害怕撞到界限,恐惧承受新的冲击,但是,当他使局限永存下来,并且把它提升为通向彼岸的、陌生的、属神的世界的关卡时,他已经给自己创造了一个永恒的冲击。

人想要成为受动的、贫困的、贫乏的和不幸的,而且这种意愿是他的天国,是在彼岸世界里加冕的那位陌生君王的律法。如果人劝说自己相信,他必须使自己屈服于一个陌生的、专制的法律,那么,人甚至从来都不愿意知道和听到:他按照自己的真正本质来说是自由的,同时他本身还是自己的立法者。他害怕这个使人欣喜的消息(这也是唯一使人欣喜的消息),他堵住了自己的耳朵,不听这个消息,似乎这个消息是从魔鬼塞壬那里发出的似的。"在宗教的关键点中,给人以荣耀的是,始终停留在幼稚的、未开化的状态中"[1],这在所有的宗教议题中都是至关重要的关键点。没有比人对自己无知更加有害的了。无知试图以惰性和韧性来维护和保持自身,而惰性和韧性是宗教的真正生命力。如果把上帝定在的证明转变为正确的观察,也就是说使之摆脱可笑的推论形式,不再用一切民族在信仰某种神性东西时取得的一致意见来证明上帝定在,那么最为简单的发现就出现了:迄今为止没有出现过任何自由的民族,现在也不存在任何自由的民族,法和真理还没有权利把自己自由

---

[1] Boulanger, *Le christianisme dévoilé,* A. Londres 1767, S. 28.

§1 地狱

地、简单地表达出来。也就是说，关于经常出现且渗透进所有关系中的不自由和谬误的简单表达，对一个高于人类的、空想的、本质的信仰，一直以来都拥有普遍的效力，而且现在依旧拥有这种效力。

"蠢人在自己内心中说：不存在上帝。"[1] 但是，只有在这句话说的是"蠢人在自己内心中说：存在着上帝"时，才是正确的。信仰是人的完成了的精神性献祭，是被提升为人的境况和法则的受动性，是痛苦和不自由。信徒必定否认理性，摒弃活动（Tätigkeit），他不允许再检验，不允许去怀疑，因此，他必然还没有获得人的最崇高的荣耀，或者毋宁说，还没有获得人的唯一的规定：亲手（aus freier hand）把自己创造为自己所是和应该是的那个人，亦即使自己成为自己本身的自由作品。"涉及到物质时，他看到自己被降格为动物的愚蠢。而人们在这一点上却告诉他，这些物质对于他们的永恒幸福是最为重要的。"[2] 因此，这样的信徒必然在这一点上蒙蔽了自己，即他的信仰、他的自由和活动的消灭（Aufhebung）、他的非思维都是他自己的行动，至少是他的非思维的结果：他必须按照自己的信仰来看待事情，他的信仰适合于他，正如动物就是它之所是，动物对于自身是什么既没有过错，也没有贡献。信仰作为纯粹的痛苦，是宗教徒的第一美德和必要美德，信仰是上天的一件礼物，是神性恩宠的效果。但是当属神的启示发展成为教义体系时，或者换句话说，当非思维把自己表述为无思想性，并迷失在了自己幻想的对立的迷宫里时，生活就变成了折磨，恩宠变成了纠缠（Aufdringlichkeit），馈赠者的善意变成了暴力行为。

---

[1] Baron Holbach, *Système de la nature,* Tom. II, Chap. IX.
[2] Boulanger, *Le christianisme dévoilé,* A. Londres 1767, S. 148, 149.

Ⅳ 启示的暴力行为

对于信徒而言,上帝的道路是一个无法看透的秘密。他没有权利去验证他的上帝玄妙莫测的决议。他必须战栗地、盲目地使自己屈服于那个向他启示出来的上帝的神谕。他必须沉默,因为如果有人对他说神已经向人启示出来了,对他来说就足够了。①

用开诚布公的德语来说:人不被允许想到——而且作为宗教徒和信教的人,他实际上也不会想到——,把自己梦境世界的各种对立汇集在一起,承认它们就是对立,并消灭它们:他必须像它们被给予的那样原封不动地接受它们,必须像吞石头一样吞下它们,并且从来没有想到过碾碎并消化它们。

这就好比纵使两个拉比相互对立,犹太人也还是必须相信他们两个都是正确的,同样基督徒也是把启示中最引人注目的对立推崇为完善的真理,而且如果例如福音书的各种说法是直接对立的,那么他必须把这两种、三种或四种说法中的每一种都视为完全正确的。

即使人的献祭是如此血腥——但它什么也没有伤害。精神一开始看起来不偏不倚的受动性,变成了反对思维和人的活动的愤怒。这种受动性做着梦,并用梦自吹自擂,但是如果一个清醒的人想要

---

① Boulanger, *Le christianisme dévoilé*, A. Londres 1767, S. 59.

§1 地狱

解读它、解释它,即揭露它就是梦,它又被激怒了。梦不应该被说明。无知不希望通过自身的言表来消除无知,而是希望用它来稳固、增加它。

> 上帝启示自己仅仅是为了布告神秘,这种说法与下面的说法是一样的,即上帝启示自己仅仅是为了保持为不可知的,只是为了向我们隐藏他的道路,为了误导我们的精神,为了增加我们的无知和不确定性。[1]

从根本上说,针对思维的愤怒和暴怒产生于思维受动性的恶,这种恶在其残暴独裁中最终变成了对其屠宰牺牲品的讽刺。"一个神秘的启示并非启示,因为它不是为了被理解才被制造出来的。"[2]

如果一个启示嘲笑它想要启示的那些人,那么这个启示的承诺就其本性而言就是不可靠的,如果批判证明了,这个被多次承诺的诺言与启示现实的当前行为之间存在着对立,那么如此一来,批判就把对信仰的隐秘但却不可避免且迫切的各种怀疑,用它们渴望已久的语言表达出来了。这种启示的对立让人的内心变得很贫乏和不幸,它的不确定性是人类的不幸,并且是那种从根本上说从来都不能够对人表现出善意态度的标志。

这种启示是人对自身规定的自我欺骗——有什么比意识到或感觉到丧失了自己真正的使命(Beruf)更加让人不幸呢?有什么比反对生活的一切利益更加让人情绪易怒呢?有什么比这更不公正

---

[1] Boulanger, *Le christianisme dévoilé,* A. Londres 1767, S. 63.
[2] *Le vrai sens du système de la nature*, Chap. XIX.

呢？人必然总是试图压制自己内心的声音："你不是你应该是的东西，而且你将来也不会变成你希望变成的样子！"这种声音总是不断地出现在人耳边。有什么比这把他与社会分离得更开，有什么比这让他最终变得更加坚定冷酷地反对自己同胞呢？

V 宗教意识的不幸

如果上帝创造了人，只是让他们在这个他们了解的世界里战栗和叹息，人们有什么权利向自己承诺，上帝将来在一个未知的世界里会更加温柔地对待他们？①

埃德尔曼说：

宗教完全用未来的事物讨好我们，它不仅很少甚至从来都没有询问过，我们现在是否不幸，而且它也破坏了其信奉者此岸生活所能拥有的全部幸福，因为宗教不能忍受的是，我们可以保持住我们的造物主为我们创造的善。要让宗教满意，我们必须一生都是可怜的罪人，从青年时起，我们内心的状态和追求就必然只是恶的，而且一直都是恶的。我们每天必定犯很多罪，并且靠着我们犯的罪争取到了尘世的死亡和永恒的诅咒；我们必须为宽恕我们的罪支付昂贵的、过于昂贵的代价，但是我们在整个生命里还是不能摆脱它们。简言之，我们必然是作

---

① Baron Holbach, *Système de la nature*, Tom. Ⅱ, Chap. Ⅶ.

为犯了原罪的人而踏入这个世界的,即作为现实的罪人生活在这个世界上,并最终作为可怜的罪人再次离开这个世界。

我问每一个还能够使用他的感官和理性的人,是什么原因使你在一个让你现在的生活如此不幸福和不快乐的宗教面前能够希望,它在你死后能够让你幸福。

如果我们

向牧师们承诺,为他们的服务在彼岸世界给他们支付千百倍的、事实上无限多的酬劳,而如果我们此时此地在此岸的生活中不愿意给予他们任何用的吃的东西,那么,他们立即就会停下手中的工作。我们可真是头脑简单啊,以至于我们期待他们承诺给我们的一切好的东西都只是出现在彼岸生活里,但却让他们从我们手中拿走我们现在在此岸生活里已经拥有的一切现实美好的东西,例如,我们思想和良心的自由、理性的不受限制的使用、上帝造物的合法使用。这是对我们如此心甘情愿和盲目地使自己受其奴役的那种迷信的公道报酬。这是对我们过去研究真理时表现出来的那种粗心大意的公平报复!在期待一个未来的不确定的幸福时,我们忽视了当前的确定幸福。[①]

关于未来极乐的承诺,同有关和解的布道是一样的。为了在未

---

① Edelmann, *Glaubens-Bekenntnis,* S. 245, 246.

来变得有福,我们必须在现实生活中变得可怜:为了达成和解,我们必须首先把自己变成恶劣的,或者毋宁说,我们必须首先把自己变成无可挽救和无法治愈的罪人。一旦我们已经限制住了自己一次,一旦我们在此岸生活里已经把自己变得可怜了,那么,我们就与自身彻底割裂了,而且我们第一位的义务就是与我们自身相冲突。每当看到我们快活满足的时候,就责怪我们损害了我们首要的基督徒义务,那么,我们应该从何处得到内在的平静?

埃德尔曼说:

如果人们愿意说,主耶稣已经告知人说,他们的罪由于他本身愿意为他们的和解作出牺牲而被宽恕或带走了,那么,这可敬的人也因此首次公开地变成了一个说谎者,因为在世界上的所有眼睛面前,以下这一点都是清楚的,即通过主耶稣的死亡,人的罪既没有被消灭,上帝也没有被安抚。相反,在基督的福音被传布之后,或者在所谓的和解机构传道之后,我们(如果我们相信牧师说的话)从来没有过如此多可怜的罪人,也从来没有过一个如此愤怒的上帝。

如果耶稣想要定一些从前没听过的新罪,类似于原罪以及所谓的思想罪和言词罪,那么耶稣还能够公正地说,他来是为了让人幸福吗?这个如此巨大的幸福不就是,我们从现在起知道了,我们是被视为有罪的,被生为有罪的吗?不就是我们在母亲体内就已经被魔鬼附身了吗?不就是我们是作为魔鬼的孩子来到世上的吗?不就是我们不是因为自己的过错(Schuld)

却得到了上帝的怒火和嫌弃、尘世的死亡和永恒的诅咒吗？尽管他的一切拯救都是本该为我们而发生的，但是我们每时每刻不是还必须担心，魔鬼将再一次把我们控制在它的魔掌之下，而且他有朝一日将拷打折磨我们吗？

哎！没有人追求这种幸福，而且如果耶稣不愿意为我们的幸福做些更好的事情，那么主耶稣可以永远停留在他一直所在的地方。假如事实上他所教导的正是牧师试图以他之名钉在我们身上的东西，那么，人们必须说：没有哪个地上的人比这个耶稣使我们更加不幸的了。人们假定了，耶稣之所以在降生之前就应该被一个天使称作耶稣，是因为耶稣将拯救他的人民脱离他们的罪。假如耶稣想要在已经由牧师杜撰出来的旧罪上再附加上新罪，并且想要越来越严格地限制人由上帝创造出来的自由，那么他肯定没有拯救他的人民脱离他们的罪。[①]

这整个体系的唯一连贯性及其对现在人类的唯一利益（Interesse）是，它的各个部分之间存在着对立，这对立引起了启蒙学者的热情，使得他们一直从理论上研究其中的对立，直到他们靠着这个体系的对立消灭了这个体系。现实生活中日益加深的苦难证明了，以这种方式人只知道给自己负面的建议。由于非常害怕和恐惧没能把自己抹得足够黑，他也就还没有来得及清洗自己，没有来得及按照自然界创造的样子向世界展示自己的面容，也没有来得及向世界展示自由的精神让他的容颜有了何种神采。对自身的恐惧消灭

[①] Edelmann, *Glaubens-Bekenntnis,* S. 250, 251.

了一切现实的自我认识,消灭了人的自尊和对人类的爱。

有人还是会告诉信徒说,他也应该爱那个他首先最应该恐惧的最高存在者。但这对他来说如何可能呢?

> 虽然人们说,基督徒的恐惧是一种幼稚的恐惧,但是语词对事情的本质并没有任何改变;一个儿子如果畏惧自己的父亲,同时有理由猜疑他的愤怒,而且不得不畏惧他的任性,那么,他将永远都不能真正爱他的父亲。[1]

好吧!上帝对人的爱也是一条宗教教义,这是无法否认的。事实上,人类不可能堕落得如此之深,以至于他们完全地、无可挽回地、不可更改地抛弃了自己。人类能够抛弃自己——宗教就是人类对自身的抛弃——,但是他们将学会再次凝聚起自己并尊重自己。他们将把自己撕碎——宗教就是这种血腥的献祭——,但是他们将再次与自身和解。他们不能够逃脱自己,因为他们是一切。甚至虚无(人类——在宗教中——推翻自己,把自己变成了虚无)也只是他们本身的行为(Tat)、他们本身的任意、他们的幻想和恶。

因此,爱、自尊以及与自身和解,是宗教的一个教导和行为,而且是宗教的一个必然的教导和行为。但是,爱是任意的,自尊立即又重新变成了对自身的蔑视和怀疑,和解并不能消灭分裂。爱与恨、自尊与自弃、和解与反目急剧地互相转化,激烈野蛮地互相针对,就它们不能终结这个野蛮的游戏而言,它们彼此也不能消灭对方。因为人类在宗教中已经丧失了自己真正的中心,并且是在自身

---

[1] Boulanger, *Le christianisme dévoilé*, A. Londres 1767, S. 153.

之中丧失了自己真正的中心，所以人类自己排斥自己，他们蹒跚地再次回到自身，是为了再次抛弃自己，同时为了在这一刻从没落中重新扬弃（aufheben）自己。

VI 任意的游戏

埃德尔曼呼喊道："耶稣在死后是如何升到天上的？"

如果我们以正统犹太人的方式对耶稣所提出的那个说法应该成真，即上帝愿意把尘世的王国交给耶稣并想要通过耶稣在整个地球上重新建立起和平，那么对人来说，耶稣在地上就比在天上千百倍地更加必要、更加有用。上帝为什么没有对主耶稣遵守自己的诺言，基督徒能够对此给出一个理性的原因吗？如果耶稣应该是地上的主，应该按照我们想象的方式审判死人和活人，那么，上帝为什么把耶稣接到天上？为什么本应已经被上帝打败了的魔鬼在被打败了超过1700年之后还统治着整个世界，并让打败它的上帝吃亏？为什么他（主耶稣）在复活之后没有按照他父亲的要求立即占据他的王国？是什么原因让他升上天国，而任地上的一切乱七八糟？

是的，我们说，耶稣坐在上帝的右边并且代表了我们！回答得真是卓越！我以为，经历他无辜儿子的死亡，上帝已经与人完全和解了；但是我好像听说，他还一直在生我们的气。尽管主耶稣做了已经发生的一切补偿和救赎，上帝还是再次把我们交给了魔鬼。我们难道不是已经把主耶稣送到了天国，而且他还在上帝面前代表了我们吗？这些空话的意义何在？上帝对人的罪是如此的愤怒，以至于他决定诅咒所有的人永远下地狱，他应该突然改变自己吗？即他在自己儿子身上应该看到与他自己身上不久之前所拥有的性质和心灵运动完全不同的东西吗？他不久之前曾把人类视为最恶劣的敌人，上帝会一下子爱上了他们，以至于渴望自己是被人类生出来的吗？如果他一再反复想起，人因为从前对他的冒犯并不能完全让他满意，而离开了这种满意他就不可能赦免人的罪过，那么，在一个他确信自己完全满意的儿子身上，他也不能与人完全重新联合起来。这时要怎么做呢？一方面，他爱人；另一方面，他恨人。这两种情感他都不愿意放弃。因此，他必然需要做些什么，以使人们能够从中看出，爱与恨如果平衡的话能够产生什么神奇的结果；因此，他必须变得既非常残忍又非常有同情心，而且变得既非常不通人性又非常有怜悯之情，以至于在自己唯一无辜的儿子身上，他让自己的敌人扭断了自己的脖子，只有这样他才能够放弃对自己敌人的愤怒。但是人们几乎不认为这一切现实地发生了，并不认为上帝现在再次与我们完全和解了，因此，人们必定再次听到，我们在他那里必然还需要一个代表，只有这样他才不会再次对我们愤怒。"①

在《被揭开真面目的基督教》里②，作者写道：这个恒定不变的上帝被爱和怒、复仇和仁慈、善意和对自己善行的悔恨所

---

① Edelmann, *Glaubens-Bekenntnis*, S. 206, 207.
② Boulanger, *Le christianisme dévoilé*, A. Londres 1767, S. 55.

交替触动。在他的行为（Konduite）中，他从来没有表现出构成了智慧的特征的那种稳定性。这个上帝——他有时把自己称为复仇的上帝，有时把自己称为仁慈的上帝，有时把自己称为万军的上帝，有时把自己称为和平的上帝——交替地表现为冷酷和热情，他的律法是任意。基督徒完全没有任何权利——像他做的那样——如此轻蔑地俯视异教徒的多神论。如果他没有崇敬更多的神，那么他的神也是三一体的、不公正的、软弱的、不稳定的、在各种关系中都是自相矛盾的。①

异教徒的多神论在不同的神身上尊崇人所顺从、服务的诸多个别的力量，这种多神论与基督徒的一神论相比是一种清晰的、可以理解的体系，一神论在一个上帝身上集合了无数自相矛盾的属性，最高的力量也不能阻止其中某一种属性膨胀起来消灭其他属性。

一种属性挫败其他属性，亦即它们彼此之间的斗争，造成的结果是，应该由这些属性共同规定的行为变成了幻想的、古怪的、不可能的。例如："一个无辜的神变成了一个公正的神的牺牲品，这个公正的神喜爱那个无辜的神，并对它抱有善意。"②

两种属性都已经膨胀为无限的和古怪的东西，但是借助于宗教意识的暴力，它们却同时在上帝身上被稳固地结合在一起。事实上，如果我们不再愿意使用宗教意识的暴力，那么，永远只有一种基本属性，即任意所造成的野蛮和邪恶，这种野蛮和邪恶取得了胜利，并独自规定了启示。

---

① De la Serre, *Examen de la Religione*, Chap. II, S. 7.
② Boulanger, *Le christianisme dévoilé*, A. Londres 1767, S. 52, 53.

人们倾向于把上帝之子的死描述为上帝的善——善与公正是联系在一起的——的毋庸置疑的样本。毋宁说，他的死是上帝的野蛮、无法和解的仇恨与残忍的毋庸置疑的证据。[1]

宗教徒本身在祈祷中承认了神的各种属性的虚无性，因为神的各种属性由于自身的绝对完善本该免受一切外在的影响。神的各种属性完全受任意的支配，神的属性使一切都屈服于任意。上帝的全能并不意味着，虔信者相信自己没有力量撤销上帝的结论，或宣布上帝的决定是无效的。上帝的全知也不意味着，人相信自己不能调整上帝的判断，或者推翻他的逻辑。

神本身越完善，它就越具有人性，它在自身中就能够重新发现越多的人性，它的任意也就表现得越纯粹。宗教的完善是任意的绝对胜利。

曾经，魔鬼与天使就一个突然过世的僧侣发生了争论，魔鬼以为自己有确凿的资格得到这个僧侣，他煽动上帝自己做出决定，而天使则想要求助于玛利亚。"不！"魔鬼说道：

> 我们从童贞女那里不能期待得到公正的判决！相比于让一个在一生中曾经于其画像前表现出些许敬意的人下地狱，她更愿意打破地狱的所有大门。她很可能会说："黑的是白的，暗的是亮的，上帝与她在任何事情上都不是对立的；她能与他一起做任何事情。"上帝把玛利亚变成他母亲的那一天，对我们来说是不幸的一天。

---

[1] Boulanger, *Le christianisme dévoilé*, A. Londres 1767, S. 54.

§1 地狱

上帝的母亲是上帝身上人性东西的完善化，是一种力量，这种力量在玛利亚的任性中推翻了一切律法、一切真正人性的东西，并毁灭了它。

因此，那些看起来温和的、善的东西——例如，一个伪善的僧侣得到赦免——事实上是对律法、现实的人类和真诚所表现出来的宗教愤慨。伪善的僧侣得到赦免引起了对正直思想家的诅咒，而且这种赦免本身就是对正直思想家的诅咒。

真正的温和，亦即不把人类区分为两个陌生的动物物种，区分为好人和恶人，区分为山羊和绵羊，虽然也属于上帝：上帝让太阳在公正的人和不公正的人头上升起，但是这种温和与神的本质是对立的，这种温和之所以可能，只是因为上帝的王国还没有真正到来，或者说还没有成为唯一的统治力量。这种温和是某种尘世的东西，是一种软弱的东西，只有当上帝的圣殿还没有纯粹自为地建立起来，或者说，还向世界妥协，还必须顾及现实的关系时，这种软弱的东西才能进入上帝的圣殿。它是一种内在的秘密，当此岸世界在火和烟中被消灭了以后，它才会消失。

只有在这里，在这个尘世世界里，上帝才让太阳在公正的人和不公正的人头上升起。事实上，这不应该发生，而且在彼岸世界里，在公正的人和不公正的人被区别开的地方，这并没有现实地发生。

"在那里，"奥古斯丁说，"在上帝的永恒王国里，升起的不是既照好人也照坏人的太阳，而是只保护好人的公义的太阳。"[1]

因此，只有心胸狭窄和残忍无情才是最高存在者处于统治地位

---

[1] Augustine, *De Civitate Dei*, Lib. 5, Cap. 16.

的真正属性。

26 　　那么,温和与善意还要向公正的人表现出来吗?被赋予特权的阶层与其对立面必然被设定为一起出现的。在它们之间作出划分,就好像这并不一直都是冷酷和任意的证据似的!

　　对人性的反抗胜利了。

§2 魔鬼

巴尔沙萨·贝克尔[①]——埃德尔曼把他称为佛里斯兰的海格立斯——通过他的斗争,即通过他与那条原始之蛇、地狱之龙、杀人凶手、谴责诽谤人类之人的斗争,而为自己赢得了不朽的功绩;但是他还不知道,他做了什么——他在魔鬼身上攻击了宗教的生命中心——或者说,他还不能彻底杀死这个怪物,因为他在攻击它时并没有意识到,这个怪物就是宗教的厄运、控诉、诽谤和杀人嗜好的完善表达。

他讽刺地问道:"假如恶的魔鬼不再存在了,那么还要善的上帝做什么呢?"[②] 但是,事情并不能如此轻巧地处理;它是很严肃的。如果上帝失去了魔鬼,魔鬼不再与上帝对立,不再为了上帝而被创造出来,那么上帝本身也丧失了力量和影响,上帝本身也变得软弱了,也受到了威胁。在现代虔信教义学和《基督教教义体系》(*Systemen der christlichen Lehre*)中,上帝把没有规定性作为最后的避难所来反对他的敌人。只要上帝还有一点存在的痕迹,就算是

[①] 巴尔沙萨·贝克尔(Balthasar Bekker,1634 年 3 月 20 日—1698 年 6 月 11 日)是一位哲学和神学研究者,曾任荷兰部长,他反对迷信,是近代早期欧洲终结巫术迫害的关键人物。——译者

[②] Balthasar Bekker, *Bezauberte Welt*, Ⅲ, S. 21.

衰弱得没有了规定性，那么他也还会在一个非存在物（Unwesen）中使自己本身的无规定性与自己相对立。这时，非存在物代替了魔鬼的位置与他相对立。他把自己本身的无规定性纯粹地表达为非存在物本身、思想空洞的无规定性，以及思想杀手的愚蠢。

正如按照圣经的描述魔鬼必然存在一样，在现代教义学的立场上——现代教义学的全部智慧都在于一个"尽管"，其风格离开了一个"尽管"就无法维持下来——"尽管"一个存在物的"前提在现在的知识阶段上"——亦即在律法和预言都还只维系于"尽管"的知识阶段上——"还不能够发展完善"，然而，"这个前提还是向我们表现为一个必要的前提"，而且"这个前提对我们是有帮助的。它对我们有帮助，一部分是由于它把恶的东西与神的原初性和永恒性分离开了，另一部分是由于它在决定性的无力状态中还在充满勇气地与恶的东西斗争"。①

我们恭喜这个基督徒有令人震惊的勇气（他靠着这种勇气与一个"确实无力"的敌人作斗争），同时我们要提醒他想起，永恒的东西（这种永恒的东西——同样充满勇气地！——只有通过排斥对立面才能维持自身）在任何情况下都不可能是永恒的，而只可能是头脑狭隘的，而且在任何情况下都必定要么是软弱愚蠢的，要么本身必定就是恶的东西。

但是如果我们不考虑这些词语，亦即如果我们不讨论一个"永恒的东西"，而且如果我们研究我们眼前唯一的事实，即一种意识能够承受那种对立，即必然还需要一个前提但前提对它又没有用

---

① Carl Immanuel Nitzsch, *System der christlichen Lehre*, 1837, S. 212, § 115.

§2 魔鬼

处,那么,我们在这里只能发现邪恶,它希望通过一种强加的不可能性使思想窒息,想要通过一种冒充为最高智慧的不确定性把思想变得阴郁。最为空洞的意识的这种邪恶和暴力的纠缠是——真正的魔鬼。新教徒圣格奥尔格(St. Georg)正确地批判了无神论,因为无神论想要从世界中驱逐出魔鬼,并借此终结对上帝的恐惧。巴尔沙萨·贝克尔犯了大错的地方在于,他抱怨这种控诉是恶的。

魔鬼是对宗教意识的否定性的、杀人的、诽谤性的、控诉性的本质的专门的、真正的、无所顾忌的、现实的表达。在魔鬼中,恐惧——即宗教的灵魂——发现了自己本身和自己对象的真正表达。在一个彼岸的、与人类相疏远的本质之中包含着一种威胁,这种威胁在魔鬼身上更加真诚、更加可怕地变得严肃了。巴尔沙萨·贝克尔问道:"那么,魔鬼是上帝吗? 神学家和宗教徒为什么如此关注魔鬼?"[1] 这个问题的答案就在我们上面的分析中。

如果宗教是理性的坟墓[2],那么,人是被活埋进这座坟墓里的,地狱是这座坟墓的最深处。如果迫害的欲望和破坏的怒气是基督教的爱的真正表达和证据,如果教会像罗马人——按照塔西佗的说法,在他们制造了荒漠之后,他们吹嘘自己是和平使者[3]——一样思考,那么地狱就是基督教的爱在建立永久和平时证明了的那种热情的代表作。

如果最终虚无与上帝是等同的,已经成了永远陪在他左右的闷

---

[1] Balthasar Bekker, *Bezauberte Welt*, III, S. 21.

[2] De la Serre, *Examen de la Religione*, Chap. X.

[3] Agricolae Vita c. 30 [D. H.].("在他们制造了荒漠之后,他们吹嘘自己是和平使者。"此句的拉丁语原文是:"ubi solitudinem faciunt, pacem appellant"。——译者)

闷不乐的伙伴，如果世界是从虚无中创造出来的，而且它起源于昏暗的虚无，是其使得其创造者如此恼怒以至于自己承认后悔曾经创造了它的原因，那么，魔鬼就是已经变成了人的虚无，就是这样的力量，它揭示了懊悔着的神的情感是神自己的作品。

在魔鬼中，永恒的虚无及其任意已经统治了世界。因为魔鬼是永恒虚无的真理，因此他公正地获得了超越上帝的优势。他的胜利奠基于他公开承认虚无。

埃德尔曼说：

> 依据我们的已经魔鬼化了的神学观点，人基本不是由上帝创造的。因此，这么说吧，魔鬼从上帝那里抢走了人，占有了人，魔鬼在人的心中没有给全能的上帝留任何空间，直到慈悲的牧师在洗礼时用几句话一捧水拯救了他，并暂时把他从魔鬼的巢穴中拯救出来。因为这些好心人现在只能用他们的驱灵术触及人类中最小的一部分，他们必须让犹太人、穆斯林人和异教徒（如果这些人不愿意变纯洁的话）污秽下去。如果所谓的魔鬼靠着令人欣慰的原罪的力量，从人开始在母体中孕育起就占有了一切人，而且在犹太人、穆斯林和异教徒那里，魔鬼也不能被我们可爱的牧师驱逐，那么，得出如下结论就完全没有任何矛盾：在一切人类面前，魔鬼在自然中都还拥有最大的力量，而且还用它所有的力量嘲笑基督徒的全能的上帝。

> 全能的上帝必须为了让魔鬼能够占有人而创造人；他必须忍受魔鬼按照自身的意志管理人；他用尽自己的一切反对力量

§2 魔鬼　　35

也不能让魔鬼在绝大多数人中再次为他腾出空间；即使在那些假装牧师已经在他们心中再次为他赢得了空间的人中间，他也不能使自己免受魔鬼狡诈的攻击，因此，上帝必须违背自己的意志而在绝大多数人心中为魔鬼留出位置。①

如果宗教指责、诽谤，而且必然诽谤人是虚无的、不纯粹的和迷失了的，那么，也是魔鬼最公开地说出了人最内在的态度，最纯粹地推动了人的工作。

巴尔沙萨·贝克尔因为神学的如下观点② 而责难神学，魔鬼必然到处存在，而且"如果离开了有关不公正的秘密"，有关信仰的秘密就不能被恰当地解释。

这是一个对人友善但却不公正的责难！有关不公正的秘密必然存在于宗教中，因为有关信仰的秘密自在地说来就是人类针对自身的不公正的秘密。

当埃德尔曼说，魔鬼对于宗教来说是必要的，他揭露了这个秘密。在发展完善的宗教里，魔鬼必然也起到了最重要的、首要的作用；魔鬼在其中耍阴谋诡计的宗教是发展完善的宗教。"缺少了魔鬼"，埃德尔曼说：

> 缺少了这个边角料，任何宗教在这个世界里都无法存在。我愿意看到，假如我们亲爱的神学家（这些神学家可以更好地被称作鬼学家，这么说没有任何责骂的意思）没有构想出魔鬼，

---

① Edelmann, *Glaubens-Bekenntnis*, S. 291.
② Balthasar Bekker, *Bezauberte Welt*, III, S. 19.

那么他们想要的只是东拉西扯的闲聊。事实上，如果没有了魔鬼，他们的传道将和一部没有小丑的喜剧一样枯燥无味。小丑在戏剧中是什么，魔鬼在布道中就是什么。

假如没有了魔鬼，那么很明显，也没有任何罪与上帝相对立；假如没有与上帝对立的罪，那么对于我们假想的第一对父母的堕落将说不出任何东西，而且对于如此有益的原罪也将说不出任何东西；如果没有堕落，那么也就没有所谓的波特福音，或者用正宗的德语来说，也就没有关于预言了母腹子（Weibessamen）的布罗德福音。而且，人们在整部《旧约》和《新约》中只是徒劳地寻找被如此热烈期待的降临，并且剥夺了布道的最好装饰（它们知道要把这些装饰完全按照艺术的方式安装在如此多的精美范本上）；但是如果丢失了这个预言的母腹子，那么可怜的人将从哪里找到一位能够让被他们的罪激怒的上帝再次归于平静的和解者与救世主呢？如果他们找不到救世主，如果按照他们的方式在那个人物（Person）身上无法发现我们的耶稣，那么我将让所有能够不借助骗人的牧师眼镜去观察我们最尊贵耶稣的世人自己去判断，此人物是否能够说出对其有利的最微小的东西。如果耶稣不是那个预言的母腹子，那么，他在没有男人参与的情况下被一个童贞女奇迹般地生下，这种徒有其表的奇迹-出生就会完全失去意义；他的整个生命历程将只不过表现了一位品德高尚和无可指摘的人；他的痛苦和死亡只不过表现了一位受到愤怒牧师迫害的、忠实坚定的真理见证人；他的肉身据说复活了，这与一切其他的由异教徒虚构的他们最著名的导师的复活一样，是没有意义的信念；他下地狱和上天堂有同样的命运。总而言之，如果魔鬼从这个游戏中被排除了出去，如果我们的主耶稣能够说出的一切值得赞美和称颂的东西，都能够以一种自然的、符合真理的方式被讲述出来，那么，主耶稣在他的生命里为了人类得救而做过的和教导的一切，只能给一次布道增加非常少的素材，使之变成一个非常枯燥的讲演。假如魔鬼被抛开了，那么，布道时美好的、充满艺术感的岁月将一丁点都不让人留恋；如果人们放弃了魔鬼，那么我们将既不会忏悔，也不会吃圣餐。总而言之，如果人们使魔鬼远离了人，那么我们可爱的传道者必将闭上他那圆滑的嘴。[①]

现在，《圣经》的信奉者用《圣经》中一切有关上帝爱世界的箴言包围住我们。传道者在其长袍下面藏了一根棍棒（"当心！"），并且带着甜蜜的微笑向我们"温柔地"展示了这根棍棒。教义学者带着骄傲的自我满足感向我们展示了他的教义。正如埃德尔曼在上面卓越地指出的，在这些教义中，爱和公正是均衡的。法国的自然神论者和德国的理性主义者更乐意好心地带着资产阶级的膏油向我们讲述耶稣卓越的道德学说；甚至埃德尔曼本人也在谈论着爱——不过！他在首要的事情上正中要害！

[①] Edelmann, *Glaubens-Bekenntnis*, SS. 294-296.

§3 充满爱的宗教

是的！宗教不仅说着爱，而且也感受到了爱；它不仅传布自由，而且提供了自由；它不仅谈论着平等，而且奠定了一种应该以平等为基础的世界状态。

但是，宗教所占有和提供的一切善的东西，都将在宗教占有它时，在宗教的手中变成恶，也就是说，变成它们的对立面。

在基督教中，人类最终摆脱了自然精神。而自然精神证明自己在希腊和罗马的贵族中还是有力量的；在资产阶级的骚动中，自然精神在政治上被窒息了，但是还没能被克服。但是，上帝孩子的自由同时也是脱离了尘世本身重大伦理利益的自由，是脱离艺术和科学的自由。它是一种高于人的自由，在这种高于人的自由中，真正的人的自由消亡了，真正的人的自由只有通过精神力量的发展和练习才能被赢得和巩固。它是一种被赠予的自由，这种自由必须伴随着无条件的屈服才能得到，因此也不允许接受批判、评价和仔细的观察，但是它也不会被批判，因为由科学提供的一切批判手段都被禁止了、取消了。因此，这种自由是无条件地接受一个权威——对这个权威不存在任何申诉的可能性——的奴役。

古代没能达到而基督教带来的平等是陶土的平等，因而是绝对的不平等，因为，如埃德尔曼所说，"上帝的陶工意志"自由地把整

§3 充满爱的宗教

个人类分割成了两个阶层,这两个阶层之间的对立比贱民与婆罗门之间的对立更尖锐。

宗教也了解爱。各个国家的内部斗争以及它们彼此之间的互相撕咬只能带来纯粹荒无人烟的土地,在此之后,人类在基督教之中以一种神圣的兄弟情谊联合了起来,或者毋宁说,这种兄弟情谊是政治斗争明显失败后的第一个必然结果——不!它是其现实的成功。

但是,这种爱还不是现实的爱,因为它不是人类对自身的爱,不是对人类的承认,而是说,人只是通过一个彼岸的、高于人的中间点的陌生媒介才联合起来。因此,这爱是心胸狭隘的、暴力的,是一个最干瘪的存在物,是对人类纽带的恨,是对那些希望在人类自身中找到爱的素材、纽带和交往中介的人的迫害欲望。

由于它被承认为恨,宗教之爱的谜题也就被解开了。

埃德尔曼的错误只在于,他没有认出宗教的爱与恨的这种统一性,爱被描述为耶稣的属性,恨被描述为宗教的标志。批判已经看透了爱的表达,并且认识到《圣经》中的耶稣画像是一件宗教意识的作品,并且它最终必然达到这种程度,即批判在那个表达和画像中发现了其真正创造者的记号,只有这样的批判才能够消灭那个错误,并能够说明爱与恨的本质。

如果我们把想象的外部对立概括在一个内部对立之中,那么埃德尔曼的话即使在今天也还是有意义的。他说:

> 基督教把主耶稣称为自己的创立者,它在一切地方表现出来的都是耶稣表现的对立面。耶稣是温情的,基督教是不友好

的；耶稣是谦恭的，基督教是高傲的；耶稣是和气的，基督教是怀有敌意的；耶稣是柔和的，基督教是暴力的；耶稣爱人，基督教恨人；耶稣不重视仪式，基督教把仪式视为达到幸福不可或缺的中介；耶稣没有制造异端分子，基督教每天都在制造新的异端分子；耶稣不以任何尘世的军队为基础，基督教离开它就不能存在；耶稣不迫害任何人，基督教在任何它能够和乐意这么做的时候就这么做。①

当埃德尔曼说，宗教以这种方式把人类互相分割开了，即正如经验所表明的，人类借助宗教或者通过圣职人员完全不可能再次彼此联合起来，那么埃德尔曼是完全正确的。② 再者，当他说"一种充满爱的、友好的宗教是荒谬之物（Unding），毋宁说，基督教在缺乏爱上超过了一切其他宗教"③，他也是正确的。事实上，他在下面这一点上甚至也是正确的，而且已经纠正了现代批判的结论。这一结论就是，只要还能历史地谈论耶稣，那么耶稣唯一的意义（而他作为原动力曾经具有巨大的意义）就只在于，他并不追求引发新的血腥的对立就消灭了这个宗教的对立面，即犹太教。当他说出下面的话时，他也是正确的：

> 耶稣不想要建立任何宗教，相反，他想要消灭一切宗教，摧毁一切已经产生的各种宗教的基础，亦即，人类必须以某一

---

① Edelmann, *Glaubens-Bekenntnis*, S. 187.
② Ibid., S. 313.
③ Ibid., S. 146.

§3 充满爱的宗教

种方式再次安抚被他们的罪激怒的神。①

假如耶稣的意愿是建立一种新的宗教,那么他的普遍的爱的原理就不可能存在了。因为每一种宗教的首要特征就是,极端地仇恨持有对立思想的人,并把他们视为上帝的敌人,也视为被上帝抛弃诅咒的创造物。因此,假如主耶稣有意在已经存在的、彼此之间已经非常有敌意的各种宗教之外再创立一种新的宗教,那么,他就是在播撒普遍仇恨的新种子,而不是恢复普遍的爱。②

在现代,甚至在那些为了进步而斗争的人们中间也会听到"宗教"这个词——这个词要么是说,每一个人所献身的使命和工作必然至少是他的宗教;要么是要求,对普遍理念、国家、自由、艺术、科学的热情必然要采取宗教的形式或者必然构成人的宗教。

关于第一点,模具或大头针能够填满人类的整个灵魂吗?如果我们终其一生只是为了制造特定的螺丝而照管这些特定的机器,我们在这里面可以发现自己的宗教吗?人应该受某种排他性的东西统治吗?难道人不应该教化自己以使自己不再被人类和历史的普遍事务所排斥?事实上,如果还有某种排他性的东西对人依旧是有效的,而且如果他身上还有一种人的冲动,即超出了制造大头钉或日复一日在杯子上画斑点的冲动,那么,他还愿意转向现实中的宗教吗?现实中的宗教会排斥一切人性的东西,甚至连同大头钉和杯

---

① Edelmann, *Glaubens-Bekenntnis*, S. 147.
② Ibid., S. 142.

子上的斑点都排除掉了。

关于第二点,宗教构成了国家、艺术等的本质,这是真的;但是,它是还不完善的和空想的国家的还不完善的和空想的本质,它是有局限的艺术的受局限的本质。如果国家和艺术发展完善了,那么,对于它们而言,它们不完善的本质也就不再是它们的灵魂,也不再是它们的原则。

或者再换个说法,如果激情(Begeisterung)在一切领域都采取了宗教的形式,或者激情在所有领域中本身就应该是宗教,那么,激情就会重新成为使受动性(Untätigkeit)变得神圣的外在膏油吗?激情就会成为所有形态都被扔进和藏进其中的空桶吗?激情就会成为所有规定性都在其中消亡的虚无吗?当我在思考国家时、在从事科学工作时、在创造艺术同时又在享受每一种其他艺术时,我没有被其他东西规定吗?作为宗教的献身精神和激情不会再次耗散现实的、特定的思想[①]吗?

自由、科学、艺术以及对国家进行研究应该是宗教吗?宗教把它自己所提供的一切好的东西只是作为恩赐交给我们,这不就是宗教的本质吗?它难道没有隐瞒和禁止自主活动吗?艺术、科学、国家不是只有通过人本身的行为并作为人本身的行为才存在的吗?

是的,在人的生活的那些所有重大领域内,我们面对的都是一个普遍本质,但是,这个本质是我们的本质,一旦我们认识到它是我们的本质,我们就不再能以宗教的方式对待这个本质。当我们的

---

① 此处"耗散现实的、特定的思想"的原文为"Verdunsten des wirklichen bestimmten Gedankens",直译为"现实的、特定的思想的蒸发"。——译者

§3 充满爱的宗教

本质进入一种特定的实存阶段，那么我们的本质就只能通过我们的自由活动而存在。

即使仅仅通过它的名字，即使在背景里没有任何其他差别，宗教也能够产生出误解。按照这种尺度来看，宗教是人类的不幸和自我分裂。把这个名字留给罗马人吧！

有人指责我们说：但是你们通过"你们破坏性的"批判难道没有制造不幸和争论吗？

埃德尔曼回答道：

> 虽然，真理的话语在一个国家中只会引起不安，并且不被容忍，这是一个古老的且被千百遍地拒绝的牧师的要求。但是，我不愿意说，我是如何看待这个指责的，因为我不想激怒那些可怜人来更激烈地反对我；相反，我只要求，他们从整个古代和现代的历史中提出一个唯一（要注意了！）真正无偏见的见证这个真理的人作为他们要求的证明，这个真理的见证人激励尘世的当局要像对待真理的见证人一样去迫害谎言布道者。

> 正如人们可以轻易看出的，我在这里谈论的绝对不是宗派主义者或所谓的宗教改良者，他们只是取消了某一个粗糙的误用而保留了旧迷信，或者说，他们在旧的地基上建立了一个新派别。因为关于这些人，我乐意承认，按照经验，他们能够在国家内部制造足够的不安定和分裂，而且他们事实上也已经制造了这些东西。关于这些人，他们愿意怎么称呼自己就可以给自己起什么名字，但是只要我在他们身上看到，他们允许旧迷

信的基础存在，即允许一个被人的罪激怒的上帝存在，并在这个基础上形成了一个新派别（这个派别利用暴力并借助尘世的力量反对其他派别），那么，我就不会把他们当作真理真正的见证人，因为除了带来新的仇恨、痛苦以及相应地在人类中带来不安定和不团结，这不可能带来任何别的东西。相反，真理的真正见证人——由于他们不形成任何派别，他们最厌恶的就是制造派别和团伙——对一切人（是的，即使他们是骗子和迫害人的人）都很友好，试图用尽所有的力量恢复并确立起普遍的爱（任何东西对它的破坏都比不上宗教）。[1]

我们不愿再把人类与一个空想的彼岸联系在一起，而是想让人回归自身，把人与人联合起来。

这种联合借助于宗教是不可能实现的。宗教始终会由于自身的纠缠而互相排斥，或者被自身的要求刺痛，直到人类的精神获得足够程度的自由，即不会再被宗教的各种无理要求激怒，而是毋宁认识到它们是荒唐可笑的。

---

[1] Edelmann, *Glaubens-Bekenntnis*, S. 303.（注意，鲍威尔自注为第302—303页，编者巴尼克尔核查为第303页。——译者）

§4 宗教的纠缠

如果有人想要说服人类信仰基督的重生,那么,他是在多么可怕地逼迫人类啊。人们用一套颇有威胁的说辞对我们说,如果基督没有重生,那么你们将像牲畜一样死掉。对于那些依然不了解生活的真正人性、愿意蔑视或贬低生活的一切利益、对于人即使在死亡时也能够证明自己的自由并且必然证明自己的自由一无所知的人来说,这是他们口中的一个必然的说辞。神甫以雷霆之势对我们说,信奉神圣的消息,否则你们会永远受到诅咒——就好像如果我们让一个威胁强加于自己,让自己动摇去相信一个如此不可靠以至于只有借助于威胁才能逼迫软弱的精神相信它的事实,那么我们实际上就没有诅咒自己遭受厄运一样。神学家悄声说道,如果我们关于一个事件所得到的报道在清晰度、可信度和内在连贯性上都远远高于一切类似事件,那么怀疑这个事件的真实性事实上就属于一种特殊的顽固。这种报道的清晰度是如此之高,其内在的真理性是如此之大,是的,是如此之大,如此之大以至于——是的,以至于——以至于只有一个完全世俗的人——是的,以至于只有自然的人才能够反对有关圣灵的最清楚的证据。对于一个世俗的人来说,把自己提升到尘世的东西之上太困难了。但是,针对批判以及最简单讨论的那种恶意是巨大且惊人的,这种恶意认为证据只不过是威胁,它反对证据。

宗教的纠缠想要纠缠我们去信仰完全不能被证明为足够可靠的感性事实。而且即使对于信仰而言，这个事实也永远不能摆脱一种超感性的和空想的感性所具有的不确定性朦胧。宗教的无耻想要用福音书报道具有明确性这张神学底牌恐吓我们。与这样的纠缠不同，与这样的无耻也不同，批判家有权利提出如下主张：即当我们谈论的是一个感性事实时，那么这个事实就可能没有足够感性的和足够明显的依据。如果一个人没能足够感性地拥有一个空想，如果他可能发现对这一空想的信仰并不足够令人满意，那么当我们要求他再一次公开地、可靠地说明那个愚蠢的幻想之物，或者要求他找出一个曾经用自己的双眼看到了那个事物的可信证人时，他就不应该感到震惊，而且他所遭受到的只是他的有局限的顽固性的后果。

事实上，一个如此非同寻常和闻所未闻的故事——尤其当这个故事应该按照我们的见证使整个世界确信我们的主耶稣是神圣的时候——值得一个如此大的和不容置疑的证明。当这个故事被我们讲述的时候，它必须不是发生在某个角落里或某个隐秘的地方；它必须不只是仅仅引起了主耶稣的友人的注意，而且更要引起主耶稣的敌人的注意，即引起犹太人或者至少是引起没有派别的异教徒、罗马人的注意，在主耶稣的门徒不再能够把主耶稣活生生地展示给主耶稣的敌人或漠不关心的人之前，主耶稣的门徒不能只是带着这种想象重生的公告等待，相反，他们必须公开地向这些人表明主耶稣是一位从现在

§4 宗教的纠缠　　47

起已经不朽的、任何人类力量都无法伤害到的人,而且能够以这种方式使全世界确信,这位被他们仅仅视为一个人(Mensch)的主耶稣是真正的、不朽的上帝。①

"相比于有利害关系的、霸道的牧师以耶稣之友的名义在世界上散布的一切谎言",人类会"更加愿意也更少怀疑地接受"圣灵曾经向"没有利害关系的异教抄写员"口授的唯一一个证据。

42

创世者无所不知的智慧难道不能预见到,如果他的智慧没有用无可辩驳的证据,来证明如此重要且应该涉及整个人类种群的事件,那么他的智慧在可怜的人类中会唤醒什么样的对立和不信仰?而且当他的智慧更乐意见到这些事件只有通过耶稣之友才能让后代人了解时,为什么他的智慧在同样的情况下向一个人下的命令与另一个人的不一样,而且使得他们必须彼此对立?可怜的抄写员花了超过一千年才终于在福音传教士的不同讲述上达成一致,使这些彼此对立冲突的情况达到一种确定的一致性和可信性,而神圣精神却并不愿意结束这些状况之间的对立。当上帝能够如此轻易地把自己提高到这种程度时,他为什么不把自己提高到这种程度呢?

他对于自己为什么没有这样做早就已经有了自己的神圣原因。因此,他也不会反对这个神圣原因所产生的影响,或者

---

① Edelmann, *Glaubens-Bekenntnis*, S. 192.

说，如果相比于从事实的情况中得出的一切，他不再相信人们告诉他的一切，那么他也不能责怪某个人。①

把一件神圣的事情足够多地变为感官可见的东西，不会有人说这是过分的要求。重生的主耶稣只能对那些信的人显现出来，因为他的重生——为了不用下面这个危险的表达，即只是对于信仰而言他的重生才发生过——只会起到信仰之信物的作用：对于相信的人而言，这个事件确实是一个感官可见的事件。那些没能认识到这一点的人将由于自己的顽固性而堕落到信仰的法庭上，这些人要受苦了。

宗教意识是由嫉妒和恶构成的。它由于嫉妒而迫害自己以外的一切，它由于恶而在自己的行为中必然坚持、导向，并顽固地追随使自己成为唯一有效的这一企图。

一个宗教站得越高，它对理性以及对在它之前产生的那些宗教形式的嫉妒和恶也就越大；或者毋宁说，一种宗教在与理性的对立中走得越远，它针对其他宗教的排他性变得越顽固、越彻底，它也就站得越高。如果它排斥一切特定的亦即与尘世利益还有联系的宗教，那么它就是完善的、纯粹的宗教。完善的宗教以对其他宗教最高的戒备来保护自己的文献，同时以残忍的恶意夸赞和证明自己是神圣的、唯一和绝对完善的。而这些文献是由它自己完成的，它从中发现了自己创立的历史记录，发现了自己神圣权利的历史记录。

---

① Edelmann, *Glaubens-Bekenntnis*, S. 198, 199.

§4 宗教的纠缠

其他宗教会对那些侵犯、侮辱或歪曲其神圣的奠基性书籍的行为施以死亡处罚，基督教在恶意和残忍度上超越了它们，因为它的诫命是，人们在它的奠基性书籍，即在《圣经》中不应该发现任何种类的对立，它不仅与现实、历史和理性不是对立的，而且其自身的各种说法彼此之间也不是对立的，毋宁说，尽管其中除了要献祭人的诫命外别无其他，但它却要求人们到处看到的只是和谐。人必须首先已经在上帝的教义中被窒息了，然后，神学意识才能达到完善，亦即神学意识才能够把每一种对立——也包括最无聊、最讨厌和最粗陋的对立——都视为纯粹的对立，才能够在理性面前为其辩护。

§5 神学护教派理论之恶

从来没有过哪一种尘世的经典文献使得一个民族,例如希腊人,能够成功地创造出并确立起一种典型,使得其他民族与这个典型相比只能是软弱的、不完善的复制品。从来没有过一位经典作家是不需要其他作家补充的。现代人已经创造了而且还在创造着消除了假想的经典理念所具有的缺点、无生命力、僵化和停滞等属性的文献,而且他们为了消除自己民族的缺点并补足其竞争对手的缺点,彼此之间又在相互竞争、相互学习、彼此提供形式和材料。没有哪部经典是排他性的:贝多芬在交响乐和四重奏的王国里不是唯一的统治者——他需要补充,他在海顿和莫扎特那里发现了这种补充,而且在后来人那里也将发现这种补充。

"世界文学"这一想法的真正意义是对下述迷信的批判性反抗,即个别作品或个别民族的文献能够拥有唯一经典的意义和独立性。

现代的批判指明了《圣经》在人类文献中的位置,并且推动神学护教派理论之恶竭尽虚伪和狡猾的最后所能,去为其偶像辩护。偏见像对待梦魇一样压制判断。在上个世纪,神学之恶还是偏见的迟钝暴力。首先有可能出现的不是自由的批判,而是自我解放的批判,首先有可能出现的不是对《圣经》的完备证明,而是对它的反抗,但是这种反抗是伦理的、公正的、彻底的、有历史合理性的,而且作为这样的反抗，它也值得永恒的怀念。

光明使者向一位盲人揭开了摩西的真面目。当这个盲人想要听到《圣经》中存在的各种对立中的一个例子时，光明使者对这个盲人说道："啊，我亲爱的兄弟，你让我们做的是一件多么让人讨厌的工作啊！"①

有些对立是每个人都必然会感到羞耻的。这些对立却被归于了那个应该被视为最崇高者的存在物，并靠着暴力强迫人类接受它是永恒真理。当《圣经》被追溯到那些公开反对《圣经》的时代和人物时，就已经出现对立和谎言了。因为只有当《圣经》从来就没有存在过的时候，人们才不会反对它。

光明使者-埃德尔曼说道：

> 人们把我们今天在《圣经》中能够找到的大量谎言只是推到那些被认为曾经写作了这些书籍的正直的人身上，我绝对不会再让这种情况发生了，当然，我更不会把任何诚实的人都不会容忍的事情与真理的精神联系在一起了。②

有人说，批判家缺少"真理感官"（Wahrheits-Sinn）。

但是，还有谁比批判家对真理有更大的热情呢？

> 我问问你的良心，是谁在自己上帝的荣耀面前表现得更加

---

① Edelmann, *Moses mit aufgedeckten Angesichte*, I, S. II.
② Ibid., III, S. 42.

有敬意且更加小心：是那个不愿意承认这本在他看来可疑的书籍是上帝精神的一个作品的人，还是那个对这些无聊的、经常彼此冲突的故事完全没有任何怀疑，还把错误强加到真理的精神之上的人呢？①

到目前为止，恐惧一直在支撑着宗教。这种恐惧是一种正当的恐惧，即在宗教的这个空想对象中、在人类的这幅幻想讽刺画中，最终可能空无一物。这种恐惧造成了如下臆想，即如果人类放弃了这种空想并了解了自己，那么人类就灭亡了。因此，《圣经》也必须把它所得到的承认归因于软弱无能。当一个人发现《圣经》的特征在于其中的一切并不是完全正确的，这个人一开始并不相信自己的眼睛；当这个特征越来越可疑的时候，这个人的如下恐惧——即如果他离开了这部"绝对的和唯一经典的"书，他就会丧失一切——使得《圣经》得以把自己的生命延长一些时间。

假装神圣精神已经细致入微地向神圣的写作者口授了《圣经》，这种假装只不过是一个可怕的鬼怪（可爱的圣经崇拜者一直以来就是靠着它使人们感到害怕的），只不过是一个卑鄙的怪物，这个怪物总是出现在那些想要了解活上帝（lebendigen Gott）的人的路上，使得他们不能发现上帝了。②

现在已经成熟且理智已充分发展的灵魂不应该再像小孩

---

① Edelmann, *Moses mit aufgedeckten Angesichte*, II, S. 10.
② Ibid., I, S. 115, 116.

§5 神学护教派理论之恶

子害怕妖怪一样害怕这个神圣的魔鬼，相反，这些灵魂会睁大眼睛并以自信的胆量直接面对它，它们很快就将看到，它将如何逃遁，以及将如何暴露自己的软弱无力。善良的 M. 埃德尔曼先生还不能这么做，而是像小孩子一样还站得远远地，小孩子逐渐开始发现关于所谓妖怪的，都必定是不真实的（authentisch），但是自己却还不敢接近这个妖怪，相反他们在同伴身上只发现了各种可疑的标志，尽管他们绝对不是兔子，但是他们从这些标志中还是能够立即追踪到整个化装舞会的秘密。①

宗教意识和神学意识的恐惧最终变成了对地狱的极度恐惧。不论以何种代价，《圣经》都应该被唯一地、单独地视为真正精神的文件，而文献一般（die Literatur überhaupt）作为谎言精神的幻觉则是要避免的，谎言精神只是由于自己可怜的目的才把自己伪装成光明天使。神学家想要使不幸的人摆脱世界，但他没有让不幸的人获得平静，他骑在这个不幸的人的脖子上，完全控制了他，强迫他在《圣经》的每一个字中都看到绝对的和唯一的真理，把他的目光从尘世的文献上移开。简言之，神学家像梦魇一样压迫着他，使他精神错乱了。这种恐惧和暴力把精神束缚到一个点上，并使精神由于缺乏运动和人的营养而错乱。用神学的语言来表达的话，这种恐惧和暴力对他说出了这样的话，即神圣精神本身口授（diktieren）了

---

① 这句话中之所以提到了"兔子"，是因为鲍威尔在这里用到了一个谚语"jdm. hinter die Sprünge kommen"，其本意为追踪跳跃的足迹。正如只有识破兔子的跳跃足迹才能抓住兔子一样，其引申义为识破某人的秘密行踪，发现某人的秘密。——译者

《圣经》。神学意识的内在不自由用神圣作家的绝对不自由掩盖了自己,并用它来为自己辩解,神学家恶毒的恐惧客观地变成了属神精神的恐惧。事实上,除了属神的精神所希望的内容,被神圣化了的笔没有写下任何别的东西。

事实上,在顾问和秘书们向臣民们书写命令时,什么样的国王会像万王之王对待《圣经》书写员那样对待自己的顾问和秘书们呢?他牢牢控制住秘书们,监视着他,除了他向臣民们口头交谈时曾经说出的内容,秘书们不是连一个标点符号都不能多写吗?换句话说,一个由秘书们写下来的命令在被国王宣读或签署时会由于这个原因比国王口授它时效力更低吗?①

神学家指望人做出的那种努力是他的上帝才能做出的努力,但是,这种努力与人的本性是对立的。人的本性所具有的自由,即使在奴役中也要表现出任意和偶然性,即使在机械作用中也可能出现偏差。"大写的那一位"(das Eine)应该被视为唯一有效的,即使这话被熟练地记住了,在背诵它时还是会出现各种各样的延迟和改变,或者说,如果它被一而再再而三地抄写,那么写作错误还是会混进来。

但是,假如神学的暴力和神学之恶像故意说的那样绝对,或者,假如它像假装的那样,就是那个想要在这部书中显示出自己而且只有在这本书中才显示出了自己的绝对存在者,那么就不应该出现这

---

① Edelmann, *Moses mit aufgedeckten Angesichte*, I, S. 49.

§5 神学护教派理论之恶

样的情况。

人们假装，上帝已经非常仔细地观看了他最早的书写员们手指的一举一动。这些书写员不会超过十二位。如果上帝想要确保这份著述的文字应该完全没有任何伪造地展示给我们，难道上帝不是已经有了不止千百条理由去密切注意抄写员？如果他没有尤其注意最后的抄本，如果他没有检查一下抄写员在抄写《圣经》时是不是与书写员在书写《圣经》时一样没有混进哪怕一个错误，最开始的小心谨慎对他又有什么帮助呢？[①]

神学意识并不缺少善良意志。关于一个字符的争论就能够使它勃然大怒，它要求用火刑来惩罚在一个信仰用语上出现的最细微的偏差，或者——用宗教的客观语言来表达的话——上帝已经非常引人注意地表明了，他的司法机构是何等迅速地反对那些过于接近圣物的人的：——那么，为什么《圣经》被不受处罚地改变和歪曲了呢？因为神学意识中的一切畏惧（Angst）都不能消除它的任意和偶然这一事实。

但是另一方面！假如那位最高存在者了解到只有这本书证明了他，那么他的嫉妒必定会更加强烈。那一位上帝必然有不同的做法。

如果他曾经屠杀了大概 50070 个贝齐阿米特人，只是因为

[①] Edelmann, *Moses mit aufgedeckten Angesichte*, I, S. 48.

他们用肉眼看到了装着手写律法的箱子,而又不愿意改变对自己看到东西的看法;那么你认为,他应该如何对待那些真正敢于篡改那部书的人呢?他本人曾经命令要忠实于他的话,这些人不仅没有选出所有他口授的书(就像路德对雅各布使徒书所做的那样),而且要么给它增加了重要的冒险故事,要么删减了一些重要的冒险故事,因此不仅在整个箴言中插入了内容,而且破坏了整个箴言。①

因为宗教意识不是全能的,所以它不能摆脱各种对立。但是,对于宗教意识来说,这些对立必须要被批评,只有这样宗教意识才是按照自己的各种前提被衡量的,而且如果这些对立变得可以被宗教意识觉察到了,那么宗教意识反过来只会试图通过暴力,例如像通过上帝的假装许可等那样,来保护自己的安全。但是,这些对立不是唯一与宗教热情纠缠在一起的东西。当宗教意识向我们展示了一个死胡同,而它却认为在向我们展示一个光明世界和被照亮的世界时,宗教意识就陷入了根本的对立,这种对立把光亮束缚在袋子里,把精神束缚在汗巾上,把自我意识束缚在那一本(Einen)精装书②中了。

埃德尔曼说:

当使徒彼得把先知的话称为照亮世界的光,他说在耶稣

---

① Edelmann, *Die Göttlichkeit der Vernunft*, S. 408.
② 首字母大写的"Einen"特指"那一本精装书",即《圣经》。——译者

在我们的内心里像白昼一样破晓而出之前,我们都应该尊重这光,那么他提出的是一个机巧的建议。这个建议与洁白无瑕的顾问团给希尔达人(Schilda)的建议同样聪明,希尔达人没有在自己的议事厅里建造窗户,因此建议人们在口袋里把光亮装进议事厅里。但是,不论他们如何一个接一个地往大厅里带进一口袋太阳光,他们都不能够照亮大厅。①

轻轻闭上眼睛。从你们的内心赶走黑暗,你们将不仅看见光亮,而且也将认识到,这光照亮了一个世界!

运动会被限制在世界的那一个(Einen)点上吗?它岂不就是死亡了吗?运动不是普遍的吗?宇宙的普遍运动不同时也是每一个个体在自身之中围绕自己的中轴的运动吗?

真理能够隐藏在那一个主体(Ein Subjekt)、那一本书(Ein Buch)中吗?即使雷电听其号令,那么真理就能够声称自己在某个瞬间是完全的和彻底的了吗?只有宇宙连同整体的发展及其历史才可能有助于表现真理,因为真理本身不过就是那种发展。但是,任何雷电、任何人、任何个别的民族都不足以表现它。

因为埃德尔曼依旧用"上帝"这个名字来描述实体,他说道:"从整体上以及站在人类以外来看,上帝是不可能在任何时候都充当一位立法者的,而且上帝也不可能直接随时随地给人类立法。"②

不论哪里发现了真理,"它都归于上帝,不论这真理是伊索还

---

① Edelmann, *Die Göttlichkeit der Vernunft*, S. 416.
② Edelmann, *Glaubens-Bekenntnis*, S. 154.

是保罗，是基督还是孔子说出的"①。

比起你们这些可怜人从犹太人那里偷走的那些，上帝交给我们的书籍和著作要多得多。

真理是犹太人的吗？是由一位女性犹太人生下的吗？被犹太人独占了吗？毋宁说，真理与每一个有倾听之耳的民族对话，用这个民族的语言清晰明白地与其对话。

真理是犹太人的吗？它会永远含糊其辞、嘟嘟囔囔吗？

你们靠着这种德国式的自由来反抗主。你们应该知道的是，主总是在他的仆人中与你们对话，并使他的仆人变得比你们更有力，不仅在那些全心全意追寻他的人中间彻底根除了你们过去信奉的一切偶像，而且以坚定的勇气承受你们即将爆发的愤怒。②

《圣经》偶像（Bibelgötze）必然衰落。③

皈依的盲人抱怨说：

---

① Edelmann, *Moses mit aufgedeckten Angesichte*, I, S. 51.
② Edelmann, *Die Göttlichkeit der Vernunft*, SS. 506-508.
③ Edelmann, *Moses mit aufgedeckten Angesichte*, II, S. 45.

§5 神学护教派理论之恶

啊，我最亲爱的兄弟，你在活上帝的荣誉面前的热情确实是好的；而《圣经》的威望在崇拜偶像的基督徒人民中间已经过大了，你将很难让他们听到这些语言。①

光明使者回答说：

我是活上帝最卑微的仆人。在活上帝的保护下，我有信心在这一点上取得成功。如果说《圣经》的威望在我们崇拜偶像的抄写员那里已经很大了，那么，在我这里，活上帝的威望比你们所有的纸质偶像都要更大。几乎没有人再质疑活上帝的威望，而我有胆量用脚踩你们的纸质偶像。就像他们做的那样，他们从这些偶像中制造了一个神，而且他们在这个威严的名字之下竟胆敢更进一步欺骗了人，欺骗了我的兄弟们。同样地，他们将向我和所有理性的人承认：一方面，《圣经》的文字绝不是由活上帝口授的；另一方面，《圣经》的书写者部分由于疏忽，部分由于后来书写者之恶而非常可怕地写错了《圣经》，篡改了《圣经》。因此，《圣经》绝对不是我们在信仰和生活中必须遵循的唯一规则和准绳。但是，为了活上帝的名，为了活上帝有力量的话语，我想要满心欢喜地向他们施以援手，而且让我高兴的是，主已经把他们的黑暗变成了光明。我还想要高兴地、耐心地容忍他们残留的愚蠢，并试图用我所有的才能尽可能多地帮助他们。但是，如果他们依然冥顽不灵，不愿在我

---

① Edelmann, *Moses mit aufgedeckten Angesichte*, II, S. 42, 43.

主大能的手下屈服,而是像到目前为止那样,一直在顽固地反对关于活上帝的知识,并且坚持说他们依然坚信的《圣经》的威望,更有甚者,他们把从《圣经》的文字中虚构出来的偶像而非活上帝交给人们,那么,他们就应该知道,不论是我还是我主的其他忠实仆人,都不会再容忍这种胡作非为了。难道《圣经》的威望只是偶像的收容所吗?我将借助于活上帝的力量尝试一下,我是否能够把这个异教徒的神庙拆个稀烂,即使这神庙倒塌后也会砸到我的头上,即使它会把我与这些硬着脖颈、心和耳未受割礼的人[①]一起砸死。

---

① 此处用到了《圣经》中《使徒行传》第7章51节的表述,原文为:"你们这硬着颈项、心与耳未受割礼的人,时常抗拒圣灵。你们的祖宗怎样,你们也怎样。"——译者

§6 被赋予了特权的真理

《旧约》的神圣历史同《福音书》的神圣历史之间的一致，以及整个神圣历史同异教的神和英雄们的历史之间的一致，一直以来都让属神的启示及其幻想（Einbildung）的自豪遭到了死亡威胁。基督徒的自豪虽然会对这个幻想感到愉快，即《旧约》的神圣历史是《福音书》的神圣历史的一种实际上的预言，是未来的一种事实上的原型。但是，如果异教之神的历史和英雄们的历史是神圣历史的一种近似物，因此也是神圣历史的一种证明，那么，被赋予特权的真理之自豪还是会受到威胁，因为在启示之外也能找到真理。例如，就像由于菩提也是由一位童贞女所生的，柏拉图是由一个神所生育的，所以基督是由一位童贞女所生这个有伤风化的故事也不那么可怕了。对于信仰而言，承认这个事实是非常难的，它必须对自己动用暴力，才能做出那种艰难的坦白。信仰把它对自己使用的暴力转嫁到了事物本身之上，把事物本身变成了暴力的一种客观行为，并且说，异教徒是从这个神圣的民族那里偷走了他们与神圣民族共同拥有的真理。只是由于这一点，异教徒方拥有了神圣的、唯一的真理，而灵魂得救就依赖于对这种真理的认识。但是如此说来，为什么异教徒要永远受诅咒？为什么异教徒的整个世界要臣服于魔鬼？最终有人回答说，事实上，在神话中同神圣历史相吻合的一切东西,其创造者都是魔鬼;魔鬼想要通过它从属神的创造者那里模仿来的符号和奇迹迷惑住人类。但是,魔鬼要如何做才能迷惑住人类呢?如果异教信仰中的魔鬼足够狡诈,他创作的这些摹本(Nachbilder)不仅与原像(Urbild)一样,而且也常常充分地超出了原像,谁来保证魔鬼就不是你们的启示,不是你们奇迹的创造者和你们生活(Ökonomie)的主人呢?如果从前的各种宗教和启示都起源于魔鬼,那么,你们从哪里知道,魔鬼已经丧失了它的创造性,失去了它的狡计,不再是有创造力的?你们自己构想出来的幻想,你们经常不合时宜地吹嘘的大话,你们自大地确信它的王国被毁了,这一切难道不可能恰恰是他的作品,是他的狡计的代表作,其目的就是为了让你们感到安全,并更加确定地处于他力量的控制之下?如果从前的各种宗教是魔鬼的宗教,而且你们的宗教同从前的宗教在一切本质性的内容上都是一致的,那么为什么你们的宗教不是这样的?或者说,如果那些宗教是人为的欺骗,为什么你们的宗教不是呢?如果那些宗教是错误,为什么它们不是同你们的宗教一样"从同一个错误原则中"产生出来的呢?①

埃德尔曼已经卓越地完全揭露了被赋予特权的真理所具有的乞丐般的自豪(Bettelstolz)。

我们这些完全疯癫的蠢人、这些自称为基督徒的改革派犹太人(die reformierten Juden)真的认为,当伟大的上帝玩弄这些愚笨的犹太人时,他完全忘记了其他那些更加怯懦和温顺的

---

① Testament de Jean Meslier, Chap. Ⅲ, "新旧奇迹的一致性"(conformité des anciens et nouveaux miracles)。

§6 被赋予了特权的真理

民族吗？他们真的认为，真理的精神，即出现在摩西、先知、基督和使徒心中的精神没有出现在琐罗亚斯德（Zoroastre）、孔子等人的心里？没有与他们交谈？

你们那些善妒的牧师想要成为鸡笼里唯一的雄鸡①。难道你真的以为，他们按照自己的喜好把上帝的其他仆人喊作骗子，就万事大吉了吗？就像在森林中叫唤什么，森林就发出什么回声一样，当你们教会的孤魂和野鬼②发出的这种无意义的号叫再次传回千万倍的回声时，你们的牧师要怎么做呢？如果那些人是骗子，那么，摩西、先知、使徒必然是什么呢？最终，基督必然是什么呢？比起其他民族中的上帝仆人的故事，基督的故事在可信度上并没有多出一丝一毫。亲爱的盲人，难道你没有看到，你那愚笨之极的牧师经过他们愚蠢的举动已经把剑放进了那些反对他们的民族的手里了吗？难道你没有看到，他们正是通过这些过于匆忙的判断才丧失了自己误以为得到了的东西的吗？③

但是，事实是，尽管有宗教历史提供的巨大财富这一外观，但宗教意识的世界却是一个非常狭小的世界，它被局限于几个范畴和

---

① "鸡笼里唯一的雄鸡"（Hahn im Korb）是一个德国谚语，大意为"人群中唯一起作用的"。——译者

② 原文为"geistlicher Zihim und Ohim"，"Ohim"指龙或嚎叫的猫头鹰，居住在荒野上的丑陋的动物。"Zihim"指丑陋的鸟。在《圣经》中，它们指的是荒野上的魔鬼。——译者

③ Edelmann, *Moses mit aufgedeckten Angesichte*, I, S. 103.

利益，这几个范畴和利益决定了它的运动。这些范畴包括"上天"和"地下"、"优势力量"（即彼岸对此岸具有的优势力量）、"神奇改变"（当改变出现于此岸时，要在上天寻找其原因）以及"摒弃"（即联系着上天的力量来接近人）。如果宗教意识想要创造自己的世界，这就是它需要的一切。按照埃德尔曼的贴切表达来说，当"造神"（Götter-Machen）"非常时兴"的时候，诸神的各种故事彼此几乎一样，这不奇怪吗？难道不是那相同的人类（Eine und dieselbe Menschheit）在诸神的故事中讲述了自身的疯狂、错误和战争吗？众神不是从那相同的人类的心中起源的吗？众神的源头难道不是发端于一切民族的这种心脏跳动吗？在一切地方，众神的故事不都同样是受苦难和受局限的人的心碎故事吗？

你们是还想要有特权吧？你们是不想遭受人的苦难吧？你们是想要独占天国吧？

当18世纪想要证明个别宗教体系之间的历史联系及其历史统一性，把每一种有关专门特权的思想都变得不可能时，它努力错了方向。但是，现代的批判已经证明了，《旧约》的神圣历史是对异教徒的众神历史和英雄历史的一种翻译，《新约》的故事是对耶和华及其使者的英雄行为故事的一种翻译。

那么，犹太人还有什么优越性吗？我们还有什么优越性吗？我们还有唯一的特权吗？没有了！因为上面已经证明了，不论犹太人还是希腊人的宗教都已经否定了整个人类。

§7 末日审判

埃德尔曼是无神论者。为了使笨拙的和有局限的灵魂鼓起勇气，同时为了表明他们害怕的只是一个幽灵，他一度要求与基督徒的上帝来一场两人决斗。他说：

> 我们要反抗这种后世神（After-Gott）。他会尝试救赎我们，并让我们看到他能够对我们做什么。如果他够阻止这些言论公开问世——这对于他而言是一件简单的事，因为他现在还有最大的派别在支持他——那么，我们想要了解的是，他还能做什么。但是他应该知道，如果我们还想要受魔鬼的统治，那他就不能迫使魔鬼现实地和真正地把我们从魔鬼的统治下解放出来，我们也就不会认识到他是我们的主和创造者。因此，我们不会永远顺从他。反抗你们的亚玻伦①，他也只会扭弯我们的一根头发。我们一点也不害怕他无限的地狱惩罚，我们能够完全平静且平和地睡觉，不论你们这些忠实于他的人能够给我们带来什么样的消息，都是越早越好。如果他也许并不知道我们住在哪里，只需要告诉他：我们住在贝尔伦堡方向上的维

---

① "亚玻伦"（Apollyon）是《圣经》中的人物，他是无底坑的使者。——译者

特根施泰因镇,他就能够从每一个人那里轻松问到我们的名字。①

尽管如此,埃德尔曼还是为自己辩护,反对人们指责他是无神论者,而他也用无神论指责他的敌人。

其实,假如"神"这个不幸的名字值得用来作为对真理以及持存者或运动的描述,那么,宗教徒和神学家事实上就是真正的无神论者和否定上帝的人。然而,他们由于偏爱仇恨人类的魔鬼都想要否认和压制人类的现实存在、理性和发展。但是,因为我们不知道如何处理那个不确定又无聊的名字,而宗教徒在触及理性的边界时又总是仅仅提出这个名字,因此,我们就让虔信的人使用那个名字,而我们更乐意用真正的名字来称呼这个世界的现实事物和精神。我们称自己为无神论者,这只是因为我们为了阻止宗教的纠缠,就必须至少给自己取一个否定的名字;我们称自己为无神论者,这只是因为反对过去和局限性的斗争(Protestieren)还没有变得可笑,而局限性一直以来都被视为人类的规定。在彻底的斗争之后,反对过去和局限性的斗争最终也变成多余的了。

埃德尔曼以这种方式进行战斗,即他把宗教的神称为一个无生命的和不运动的偶像,把它称为同世界和人类敌对的幻想。与此相反,他主张,当他为了理性的权利战斗的时候,当他使得事物本性之中的存在获得承认的时候,当他研究在宇宙的运动中无所不在的拯救力量的时候,他教导给人们的是真正的活上帝。

---

① Edelmann, *Unschuldige Wahrheiten*, Heft 14, S. 92.

§7 末日审判

如果宗教徒想要压制、限制理性，那么他就是在进行反对这个活上帝的斗争。

但是，这是一个愚蠢的开端！因为很明显的是，不论是意义，还是生命，离开了理性就连一瞬间都不能存在。[1]

这是无能的亵渎！因为如果理性屈服于你们的任意，为什么你们不下达命令，让理性离开你们，从而使你们不受打扰地待在自己的幻想里？为什么你们必须忍受，理性经常把事实展示给你们的理智（Verstand）？而且除了理性表现给你们的东西——例如，$2 \times 2=4$ 等等——你们用上所有的力量也不能看到别的东西。如果你们用了所有的力量甚至也不可能在这些细小的事情上为理性立法——因为除了事物事实上的样子，理性绝对不可能向你们展示出别的样子——那么，什么样的疯狂让你们开始思考着要让更高的事物屈服于你们的任意？[2]

当宗教徒把救赎的力量追溯到过去并转移到某一个个别的有限的人物（Person）身上时，这个宗教徒就是真正救赎的敌人。"如果我们在某个地方只夹住了一根手指，我们的精神难道不是会迅速地对这个夹住手指的力施以更大的力量，帮助它从被夹住的状态中重新解放出来，重新享受到之前的平静和幸福？"[3] 同样地，我们称

---

[1] Edelmann, *Die Göttlichkeit der Vernunft*, S. 40.
[2] Ibid., S. 603.
[3] Ibid., SS. 569–571.

为拯救的那种东西，只不过是我们与我们的本质之间的关联的一种确凿的证据和从未间断的表现。"只要一个人依然爱着他认为善的东西，那么这个人就不可能辱骂上帝。"①

宗教徒认为这个世界一无是处。对于他来说，世界上的一切都是不好的。他不喜欢任何东西，尤其不喜欢任何现实的东西；因此，如果一个人理解了上帝的名不能用在好的和现实的东西上，那么，他就必然是真正的无神论者了。

> 只要不能指明一个人否认存在是事物的本性中的存在，那么，无神论者就是一个无法证明其现实定在的空洞头衔。②

宗教徒否认，在事物的本性中有一个本质性的存在，按照他的信仰，事物的本性是非存在：因此，他必然是无神论者。

> 假设主耶稣以一种可见的和有肉身的方式归来，对整个世界进行普遍的审判，在人们能够了解这个假设的最后细节之前，先研究下面这个问题是恰当的：即造物主是否有丝毫可能被他的创造物侮辱。那些对这个问题做出肯定回答的人，必须首先证明，创造物能够仇恨它们的创造者：但是，因为直到一个人能够找到一个这样的创造物，即绝对不喜爱任何善的东西，并且是一切满足和快乐的可怜的敌人，这都是一件不可

---

① Edelmann, *Glaubens-Bekenntnis*, S. 149.
② Ibid., S. 33.

§7 末日审判

能的事情；因此，确定无疑的是，只有当主耶稣在人类中间碰到了一些并不希望知道或听到任何好消息或快乐的人，主耶稣才会以可见的方式返回地上，并对人类的最大部分做出永恒的诅咒。①

宗教徒必然靠着如下信念生活，即末日审判随时可能开始，主在任何时刻都可能到来；因此，他必然使自己的内心与世界、与人类的关系、与历史相疏远，他必然回避这个世界的娱乐，回避科学和艺术的理论偶像，他必然回避历史的实际胜利，并传布恶毒的道来反对历史的胜利。——他必然仇恨一切满足。但是，只有对于宗教徒来说，这个对人类和历史的末日审判才是存在的；宗教徒痛骂人类努力的那种雷霆盛怒，能够在某一个瞬间误导并阻止他的同胞，但是不能破坏他们的内在满足，不能永远阻挡人类取得最终的胜利。

对于信徒而言，存在末日审判，因为他恨人类，而且他荒芜的心胸现在已经是他的地狱了。

---

① Edelmann, *Glaubens-Bekenntnis*, S. 214.

§8 对科学和尘世活动的敌意

在基督徒通过重生被召唤去占有一种永不过时、永不被玷污、永不褪色的——被保存在天上的——遗产之后，他在这里，在这个世界上，或者一般说来在任何世界上，是一个异乡人和朝圣者，他在这里没有持久的住所，而是在寻找未来的住所，他蔑视这个世界的存在物。[①]

基督徒的遗产是长存的，因为他仇恨运动，仇恨发展，仇恨改变的法则，而且他的财产必然是一种变成了化石的精神财富（Gut）。就好像有可能存在着永不发展的精神财富似的，就好像有可能存在着不会消亡的精神财富似的！只有消亡了以后，精神财富才能重新在新的形态中完善自己。就好像精神性的思考所带来的满足和极乐并不是起因于对运动和发展的思考似的！就好像某一个国家和

---

① 《希伯来书》第13章第14节，《彼得前书》第4章第2节。（《希伯来书》第13章第14节为："我们在这里本没有常存的城，乃是寻求那将来的城。"《彼得前书》第4章2—8节为："你们存这样的心，从今以后，就可以不从人的情欲，只从神的旨意在世度余下的光阴。因为往日随从外邦人的心意行邪淫、恶欲、醉酒、荒宴、群饮，并可恶拜偶像的事，时候已经够了。他们在这些事上，见你们不与他们同奔那放荡无度的路，就以为怪，毁谤你们。他们必在那将要审判活人死人的主面前交账。为此，就是死人也曾有福音传给他们，要叫他们的肉体按着人受审判，他们的灵性却靠神活着。万物的结局近了。所以你们要谨慎自守，儆醒祷告。最要紧的是彼此切实相爱，因为爱能遮掩许多的罪。"——译者）

§8 对科学和尘世活动的敌意

某一个历史人物的故事在我们心中引起的感觉和内在情绪不是只有通过如下思想——即这些精神形态必须消亡，才能达到其定在的最终目的——才能保持似的！

但是，基督徒想要的是不动的、变成化石的财富。

为了他而被保存在天上的那些财富是"未被玷污的"，因为获得这些财富的方式与获得知识、直观和公民生活等财富的方式不一样。后面这些财富是通过自己的努力，通过个人劳动的热情和努力，通过本能的激情而获得的。这种本能的激情在科学中例如在艺术中，以及在培养公民生活时，才会得到满足。就好像一件不是由我们通过自己的努力而赢得的财富，能够实际上对我们有价值似的！就好像如果一件财富满足和充实了我们的激情和本能，它还可能不属于我们似的！这是一个多么神奇的圣徒民族啊！他们竟然只拥有被赠予的财富！他们对来自天国的馈赠的爱必然是多么冰冷和无聊啊！

因此在这里，在这个世界里，激情和冲动应该依然是基督徒所不熟悉的。然而如果他们真的希望消除一切现实的冲动，那么他们就永远都不会得到哪怕最贫乏的财产，而是要在精神上和肉体上被饿死，因为把所有的基督徒都变成僧侣压根是不可能的，所以他们中的一部分总是还需要劳动，甚至劳动到生命终止，只有这样寺院才能存在。因此，就需要为了基督徒中的劳动阶级而作出一个狡猾的区分，正如僧侣也是只有通过意识的一种伪善才可能存在一样。如果僧侣自己不劳动，那么，他吃的面包难道就没有被挣来这些面包之人的汗水玷污吗？事实上，挣来这些面包之人不是必须激情地劳动吗？但是，正如僧侣不关心他面包的不干净的起源一样，人们也以一种狡猾的欺诈帮助这些劳动者。他们允许劳动者劳动,却禁止他的激情。

有人说:

> 宗教只是不希望,我们不把科学、娱乐和财富称为不公正的,反而依赖于所有这些东西:事实上,如果有人禁止我追求一项事业,我如何能够为之奋斗?如果我没有为之奋斗,社会又能做什么呢?但是,有人说,人们之所以为之奋斗,必然是为了利用它,而不是意愿它本身。但是,为了避免追问这个错误的借口与教义的核心是否对立:基督教为什么说,最完美的等级是人们在其中完全献身于所有这些事物的等级呢?①

我们在劳动的过程中所拥有的激情和自我感觉,让我们对完成了的工作感到满足,基督教靠着这种激情和自我感觉禁止了劳动和活动本身(Tätigkeit selbst)。

> 如果有人在一个基督教国家中看到了一些活动,发现了科学,遇到了社会风俗,那么由此只能得出这样的结论,即尽管他们有各种宗教观念,自然还是能够尽其可能地经常引导人类回到理性,强迫他们为了自己的幸福而劳动。②

但是真正基督徒生活于希望之中,其财富在天上,而其内心脱

---

① De la Serre, *Examen de la Religione*, Chap. X, 1.
② Boulanger, *Le christianisme dévoilé*, A. Londres 1767, S. 30.

§8 对科学和尘世活动的敌意

离了尘世,他是不允许劳动的。他的希望"使他对社会没有用处,而且教导给他这种稳固的信仰,即上帝将在天上奖赏那种无用性,奖赏他的黑色幽默,奖赏他对享受的恨,奖赏他在感性中的衰亡,奖赏他的祈祷和他的懒散"。①

但是,他已经得到了自己的奖赏。无所事事是他真正的天国,他那空虚的和枯萎的内心是他"未被玷污的"财富。如果基督徒压制了所有的自我感觉,丧失了对自身的一切敬重,那么,基督徒就完满了。

但是,因为当自我感觉是最纯粹的自我感觉时,它同时也是对这个世界及其法则的意识,所以,还有什么比科学更加强有力地激起了自我感觉,并把它提纯得更加彻底呢?科学提升了自我意识,使之达到了这种立场,即自我意识同时也是世界意识,并且把自己把握为一切的本质。因此,科学最常受到宗教的唾弃,而且宗教也有理由这样做,因为科学使人摆脱了唯一必要的拯救工作,亦即使人摆脱了其内心的空虚化,摆脱了自己的非人化。为什么是科学?什么能让基督徒对这个世界感兴趣?对于基督徒而言,他对这个世界唯一感兴趣的地方是这个世界的消亡,他满怀热情地祈祷这样的结果立即出现。德尔图良说,我们在尘世唯一关心的,是尽可能快地与它分离。

圣安波罗修(Ambrosius)和圣奥古斯丁说,没有比追求天文学、地理学和其他类似的科学更加荒谬的了,因为它们对我们的幸福没有任何贡献,因为我们献身于它们的时间对于我们唯一的任务而

---

① Boulanger, *Le christianisme dévoilé*, A. Londres 1767, S. 152.

言,对于对拯救的研究而言,就是流失了的时间。①

宗教改革屈尊降贵说道:与"骗子、恶棍、可怜的争吵者、懒散的蠢货"相比,与亚里士多德相比,最多只有"描述石头、植物和动物的本性的那一部分哲学能够逃脱诅咒,但是虚构了事物的原则、虚构了道德的那一部分哲学则必须完全被诅咒"。②

---

① Am.br. de offic. Lib. Ⅰ. Aug. de ordinis discipl.
② Melanchthon, *Didymi Vaventini orat.* (Didymi Faventini, Corpus Ref. Bd. Ⅰ, 1834 S. 316. D. H.)

§9 懒惰和忧郁

基督徒必然会追求内心的空虚,消灭一切愿望,熄灭内心的火焰。这要么会造成对尘世关系完全漠不关心或者懒散,要么会造成对结果的胆怯或忧郁,空虚的人就是用这些结果折磨自己和自己的环境的。

当哥特人在亚拉里克(Alarich)的带领下把罗马洗劫一空时,基督徒也不得不受很多苦难。但是,圣奥古斯丁问道,这有什么损害呢?

> 谁要是被饥饿杀死了,谁就能立即摆脱此岸生活的一切痛苦和肉身的病痛。但是谁要是没有被饥饿杀死,那么饥饿现在也教导他节约是至关重要的,他将会理解在未来要更加勤劳。确实,很多人被粗暴地杀死了:但是人终有一死。谁要是有死的,他必然会在某一刻死去。[1]

---

[1] Augustine, De Civitate Dei, Ⅰ, S. 10, 11.(在《上帝之城》第10—11章中,奥古斯丁如此写道:"他们说长期的饥荒使许多人死去,包括基督徒在内。但是忠信者也会通过虔诚的坚忍而使饥荒变得对自己有益。因为在饥饿中死去的人不必再受今生的疾苦,就像得了一场小病一样无伤大雅,而饥饿同时也能教训活着的人如何节俭度日,或者更长时间地禁食。但是还有人会说,许多基督徒都被各种骇人听闻的残暴方式杀害了。好吧,如果连死亡也难以承受,那么这肯定是降生于这个世界的所有人的共同命运。关于这一点,我至少可以肯定,若非注定要在某个时候死亡,那么就没有人会死。最长的人生也好,最短的人生也罢,都终有一死。"参见〔古罗马〕奥古斯丁:《上帝之城》,王晓朝译,人民出版社2006年版,第18页。——译者)

僭主确信自己能够依赖基督徒的懒惰。卢梭在他的《社会契约论》最后一章写道：按照基督徒的观点，每一种权力都是上帝赐给的。

因此，如果僭主误用了那交托给他的权力——这与基督徒有什么关系呢？僭主的铁杖就是上帝用来惩罚其孩子的荆条。人们会为推翻篡位者而在良心上受到折磨，因为为了推翻篡位者，人们必然要打破公共的安宁，必然要用到暴力并使鲜血满地；这一切与基督徒的温顺是抵触的——最终说来，人们在这红尘的深渊里是自由的还是受奴役有区别吗？首要的事情只是进天堂，克己是进天堂唯一仅有的方法。①

基督徒缺少求胜的激情。罗马人宣誓：无胜利，毋宁死。基督徒嫌恶誓言，因为誓言会被用来引诱上帝。

基督徒从来不允许进行斗争，逃避是他的义务，僧侣是真正的基督徒。圣希罗尼穆斯（Hieronymus）说道：

僧侣认为自己唯一的任务就是，为自己哭泣或者抱怨这个世界，以及焦虑地等待主耶稣的降临。他知道自己的软弱，因此他必定害怕触怒上帝，害怕堕落，回避女性尤其是童贞女的目光。他必须如此激烈地鞭笞自己，以至于他自己甚至害怕没有危险的

---

① 卢梭在《社会契约论》第四卷第八章写道："如果这位权力的受任者滥用其权力的话，那就是上帝在用鞭子惩罚自己的儿女了。人们有意要驱逐篡夺者，但那就要扰乱公共的安宁，就要使用暴力，就要流血；这一切都与基督徒的温良是格格不入的。而且归根到底，我们在这种苦难的深渊里是自由的还是被奴役的，又有什么关系呢？根本的问题乃是要上升天堂，而听天由命只不过是上升天堂的另一种手段而已。"参见〔法〕卢梭:《社会契约论》，何兆武译，商务印书馆2003年版，第177—178页。——译者

§9 懒惰和忧郁

东西。虽然人们会说：这叫做逃跑，而不叫斗争。但是我知道我的软弱，我不愿意抱着胜利的希望斗争，因为我可能会失败。①

基督徒不仅必须避开斗争的可能性，而且"正如格列高利一世（Gregor der Große）说的，在没有罪或不可能犯罪的地方，也害怕犯罪"。

害怕是基督徒所拥有的最伟大的东西。

但是众所周知的是，如果一种美德必须受到守卫，而且正是由于懦弱地害怕堕落才会得以保存，那么这种美德就是不值得被守卫的。"除了被人们抛弃，或者让人们践踏，它没有任何别的用处。"

如果一个人没有在这个世上、在尘世的关系里、在与尘世关系的斗争里，为了美德和勇敢而努力，如果一个人没有为了在尘世关系中做斗争的同胞的最大幸福而努力，那么，他就是一个利己主义者，就是恶的，因为他认为自己是世上最好的人。

　　如果一个人仅仅对于自己本身而言才是善的，那么他就是可怜的。②

但是，正如只要基督徒还有人类的自我感觉，而且在这种自我感觉中还能够激发出他的更好的自我或真正的自我，他就必然会成为自己的累赘一样，如果基督徒跳出了自己的孤独，开始与世界有所接触，那么，他又必然会堕落成世界的负担。

---

① *Adversus Vigilantium*, C.6.（实际是 C.15 D. H.。）
② De la Serre, *Examen de la Religione*, Chap. X.

§10 基督教的童贞女

基督教利己主义最纯粹的标志是关于禁欲和贞洁的誓言。

为了只为自己亲爱的灵魂而生活,为了世界及其忙碌的景象不损伤"公正的灵魂",基督徒必须远离一切尘世的关系和人类的普遍利益。他只是为了自己而生活,而不是为了类而生活,他对人类的憎恨是如此广泛,以至于如果类的保存依赖于基督徒,那么自我保存的可能性早就断绝了。他最高的愿望是,整个世界都成为一个修道院以及末日的降临。如果说那个罗马皇帝希望人类(Menschheit)共有一个脖子,这样就能够一下子杀死他们,那么人们很容易就能够想到,基督教的阉人有什么愿望。

但是,因为类的力量比空想的恶更大,所以虽然基督徒看到自己被迫忍受婚姻,为了自身而忍受婚姻,但是他也只是忍受婚姻,并尽可能多地压制关于他属于类的记忆。如果他在婚姻中生活,那么他必须放弃与其妻子的一切欢愉和亲热,或者,如果他一度变得软弱并且忘记了他的欢乐应该仅仅存在于主耶稣那里,那么他必须指责自己是一个罪人。履行对他妻子的"义务"是他必须做的,但是他必须以一种彻底冷漠的态度来完成它。对于未婚的人而言,与不同性别的人的任何交际和玩乐都是被禁止的;他们必须像面对犯罪一样逃避与两性结合有关以及象征性地表现了或艺术性地模仿

§10 基督教的童贞女

了两性结合的舞会和游戏。

对于北美人来说,妇女是最崇高的和最纯粹的崇拜(Verehrung)对象,这个崇拜是他最崇高的礼拜。这与基督教的观点是完全对立的。这种崇拜是一个征兆——我们说征兆,因为北美人本身还没有像他们的国家那样从宗教中解放出来——是一切生活关系发生整体转变的预言,这种转变会随着人类战胜宗教而出现!基督教用仇恨来迫害类,由于仇恨,基督教虽然能够容忍婚姻,但却只把它视为暂时的东西,视为软弱的一种不幸无法避免的结果,而软弱只有在彼岸才会消失。与此相反,它夸奖独身和童贞,并把它们作为完善的状态、作为真正的和天国的生活加以推荐。

宗教赞美童贞的生活,称赞它是自我否定之最纯粹的和最光荣的证据;——我们立即就会看到,这种生活和学说是多么污秽、多么残忍,对人有多么大的敌意。

人的牺牲与对理性的弃绝一起被献祭了。正如人的牺牲不只是一个个别的和个人的牺牲——它是那一个(Ein)理性存在者的牺牲——而且同时是人类遭受的一种损害,因此,那些在独身中看到了自己规定性的人,不仅把自己而且把后代作为祭品献出来牺牲了,他在牺牲后代时也牺牲了类。在致迪米特里(Demetrias)的信(这封信虽被错误地归到了希罗尼穆斯名下,但却是以他的精神写成的)中,童贞女受到了夸奖,因为她"为神性奉献了一个活生生的、神圣的祭品,而且出于对童贞的爱而鄙夷最高贵的种族的后裔"。

在她身上,她已经献祭了后代。

宗教通常诅咒激情,但如果宗教要求这种祭品,那么它就变得有激情了;它从自身干枯的忧郁中苏醒过来,变得乐天了、饥渴了、嗜血了。它赞美童贞女的炽烈热情,赞美她对完满的渴求。①

婚姻只是一种陪衬,童贞的卓越性在它的陪衬下更加明显地突显出来了。"如果有人会结婚,那么童贞的名声就会变得更大;如果有人会吃东西,那么禁欲的力量和美德就更加卓著。"② 婚姻存在,只是为了使鄙夷它的人引人注目。

如果这种利己主义沉迷于论证自己的卓越性、优点和动机,那么这种利己主义必然变得多么肮脏啊!这是一种渴望否定的利己主义,它对人类及其财富只能感到愤怒!童贞女是神圣的,她鄙夷"婚姻的欢乐和对后代的关心"③。真正的圣希罗尼穆斯赞美那位逃脱了婚姻的各种疼痛的童贞女,例如,赞美她不用遭受"腹部的隆起"④。他迫不及待地要把童贞变成她灵魂的事业(Herzens-Sache),迫不及待地要高度赞美她的优越性。

他写信给这位神圣的童贞女。她年长的姐姐已经结婚了,但是,在结婚7个月后就变成了寡妇。即使她是一个寡妇,但是神圣的姑娘,她也是低于你的。她的意图不具有与你的意图一样的价值。

> 尽管寡居的状态占据的是贞操的第二个等级,但是当你的姐姐每一天在你身上看到你保留了下来而她已经失去的东西,

---

① Hunc tam devotae mentis ardorem, hanc tantae perfectionis sitim. Epist. ad Demetriadem virginem. (Ed, Vallarsi Tom. XI, Pars 2. Venedig 1781, S. 3. C. D. H.)

② Ibid. (S. 12 F. D. H.)

③ Ibid. (S. 14 D. D. H.)

④ Epist. ad Eustochium de custodia virginitatis: molestiarum nuptiarum, quo modo *uterus intumescat*. (C. 2. D. H.)

§10 基督教的童贞女

当她必然想到她自己的禁欲只能期待得到微小的回报时,因为她在她已经体验到其甜蜜的淫欲中更难以忘掉那甜蜜。神圣的灵魂,你事实上认为你的姐姐必须承受什么样的痛苦呢?①

骄傲!因此,你必定是骄傲的,而且必须嫉妒地守护你的优越性。"羞辱你的丈夫,而别羞辱主耶稣,不要让他变得嫉妒,因此不要访问贵族的家!"好一种骄傲!好一种骄傲!"在这种关系中学习一种神圣的骄傲!"好一种骄傲!好一种骄傲!"知道你比她更好!"好一种骄傲!好一种骄傲!始终是骄傲!"也不要与那些只是由于环境而不是靠着自由意志而变成寡妇的人交往。"

多么肮脏!

我们不会再为如此肮脏的辩解震惊了——但是,当那位神圣的教父推荐他的童贞女在吃喝饮食上禁欲,如此一来,"当她在夜里起床祈祷时,她就只会由于饥饿而不会由于过度饱食而打嗝了"②,恶心还是一样的。

当希罗尼穆斯说人类只是通过僧侣生活才与禽兽区别开时,他的这种关于受到上帝赞美的神圣童贞女的野蛮世界观最终完全无耻地表现出来了。假如神圣的童贞并不存在,"那么,我们借以把自己与猪、禽兽、公马和母马区别开来的那种东西也就不再存在了"③。

---

① Epist. ad Eustochium de custodia virginitatis: molestias nuptiarum, quo modo *uterus intumescat*. (C. 15. D. H.)

② Ibid. Ad orationem tibi nocte surgenti non indigestio ruetum faciat sed inanitas. (C. 17. D. H.)

③ Hieronymus, *adversus Vigilantium*, Cap. I; ut nihil sit, quo distemus a porcis quo differamus a brutis animantibus, quo ab equis. (C. 2. D. H.)

72　完善的基督徒对其个人优越性的骄傲、他对自身卓越性的喜悦、对自己灵魂得救的利己主义的关心，以及他蔑视一切、放弃一切的义务——也包括放弃使人成为人的那些关系，即使这些关系有可能解救他那贵重的、唯一贵重的赤裸灵魂，并使它获得安全——真正基督徒的这些属性和义务将让我们睁开双眼看到：我们必须怎样理解基督徒反对自爱的布道。

§11 自爱

那位真正的基督徒说：

就我而言，苏格拉底也许有一些坚定的性格，色诺克拉底有一些贞操，芝诺有一些自我克制的天赋；但是，因为这些模糊的美德仿制品处在不纯粹的心灵之中，是的，它们产生于自爱，所以，它们不能被视为美德，而是要被视为恶习。①

这位基督徒继续说道：

就我而言，这些著名的美德英雄或许已经给他们对美德和邻人（Mitmenschen）的严肃的爱打上了死亡封印；这并不要紧，我还知道，他们的自我牺牲只是看起来不自私，其实从根本上说，只是自爱的最后满足。

库尔修斯（Curtius）本来更乐意一直活着，卢克蕾提亚

---

① Melanchthon, *Loci communes*, Edit. 1521. (Corp. Ref. Bd. XXI, 1854, S. 100. D. H.)

(Lucretia)本来更愿意一直活着；但是，因为人类本性就是极力逃避不幸，所以我们更希望死去而不是遭受不幸和贫乏。①

基督徒的美德和幸福是与一切人类目的相隔绝的狂热（Fanatismus）和热情（Enthusiasmus），是牺牲一切人类目的的狂热和热情。事实上，当基督徒摒弃了人的目的和追求时，他也背弃了他的灵魂。但是，他只抛弃了真正的人的灵魂，而非人的灵魂、非人性的灵魂却保留下来了②，这种灵魂唯一的自我感觉就在于对人类牺牲的渴求。

谁是利己主义者？是抛弃了国家、历史和人类，同时在理性和人类的废墟上仅仅关注自己悲惨的、对一切都丧失了兴趣的（interesselos）灵魂的信徒，还是与人生活在一起、劳动在一起，并且为人类在家庭、国家、艺术和科学中的进步充满激情并感到满意的人呢？谁是利己主义者？是孤立自己并以自己的孤立为乐的基督徒，还是投身于历史斗争中的人呢？即使这个人只是把人类战斗的战线向前推进一步，表明了他对愚昧和恶的仇恨，表达了他对公正和真理的热情，这个人也有失败的危险。

这种利己主义是多么可悲啊！它扼杀了对人类重大利益的一切情感，仅仅准许那一种（Ein）自我感觉存在，并把它神圣化了，这种自我感觉就是对自身卓越性（Vortrefflichkeit）的感觉以及对人类

---

① Melanchthon, *Mallet vivere Curtius*, mallet vivere Lucretia etc.（同前，S. 109. D. H.。）

② 在这句话中，"非人的灵魂"原文为"die Seele des Unmenschen"，"非人性的灵魂"原文为"die unmenschliche Seele"。——译者

牺牲的渴求。

其实，当人(Mensch)为了人们而劳动并尽力满足他们的需要时，他也会对自己满意。当人满足了人类对自我肯定的自然渴求时，他也满足了自己对自我肯定的自然渴求。当我献身于家庭，为了国家劳动，在艺术中进行创造，在科学中做出发现时，我的兴趣(Interesse)就规定了我。我的所为，就是我的目的；我所达到的，提升了我的自我感觉。我所享受或创作的艺术作品，让我的灵魂形式更加高贵和纯粹，并且使我的精神格调更加伟大。科学中的一个发现，燃起了我内心的火焰，让我的眼睛更加明亮，让我的脚步更加自由，让我的心胸更加开阔。

当我爱人而且爱人类(Menschheit)，并为他们充满热情时，我其实也是在爱我自己。当我宁愿死去也不愿自己的最高兴趣和目的无法得到满足时，我其实是爱我自己，并且尊重我自己。

谁要是不爱自己不尊重自己，那么他要么是一个恶棍，要么是正在变成一个恶棍。在任何一种情况下，他都必然觉得自己是无法承受的，因此，他也必然堕落成人类的负担。

其实，不自爱却爱人类，不尊重自己却尊重人类，对自己的自由没有热情却为了人类一般的自由作斗争，这是压根不可能的。如果一个家长不愿意满足他自己对爱的需要，那么他就不可能为自己的家庭成员而生活。如果一个政治家自己本身没有经历过像自由这样崇高的善，他就不能够发挥自己的作用。艺术家创作是为了满足自己的形式感官，研究者从事研究以及建构自己的体系是为了让自己达到澄明，是为了扩展自己精神的结构并巩固这个结构的根基。

其实，自爱是真正的和有作用的人的第一位的和必要的属性——而且当 18 世纪的法国人再次承认自爱时，这是人类的一个巨大的进步，尽管由于宗教，他们在作出进步时还有一个共同点，即他们把自我理解为个别的、单纯个体化的、赤裸裸的自我——但是，我亲自（persönlich）关爱我本人（Person），并为我本人感到满足，难道这种兴趣一般说来不是人的兴趣吗？如果只有在为了人类的各种普遍目的而生活时我才看到了我的真正的生活，那么，我是一个利己主义者吗？人类的目的和利益不也是我的目的和利益吗？如果我为人类的改善作出了绵薄贡献，如果我在反对非人性的斗争中为人类的胜利贡献了一颗子弹，我不是必然对自己的自我感觉感到满意吗？当我学着越来越多地尊重我自己时，我对人类没有用吗？

个别的人（Der Einzelne）不能离开类，类也不能离开个别的人。

拉·梅特里（La Mettrie）说道："过度谦虚——相比于按照基督徒的布道和声明来说，它应该是的状况，这事实上是一种更为罕见的错误——是对自然的一种忘恩负义。"[①] 我们可以补充说一句，缺少对自身的尊重是对人类的一种冒犯——是蔑视人类的一种结果，或者说，是走向蔑视人类的第一步。

夸张和无思想的热情是宗教能够用来为其对人类的仇恨作辩护的唯一方法，也是它掩饰这种仇恨的唯一方法。

[①] La Mettrie, *L'homme machine*, A Leyde 1748, S. 41.（拉·梅特里在《人是机器》中写道："过分的谦虚（的确是一种罕见的缺点），是对于自然的一种忘恩负义。"〔法〕拉·梅特里：《人是机器》，顾寿观译，王太庆校，商务印书馆 1959 年版，第 36 页。——译者）

§11 自爱

据说，人们应该以超过对一切东西的爱去爱上帝。

但是，如果人们害怕上帝，而且必然像面对吞噬的火焰一样害怕他，人们如何能够爱他？如果人们愿意对自己说，人们能够爱一个如此可怕以至于自己只能反抗的存在物，这还不叫做欺骗自己吗？①

除了彻底抛弃人类、牺牲人类、否定人，上帝这个表象还有什么别的内容吗？如此否定人类，怎么还能够存在道德的关系呢？人们如何能够真正爱它？宗教徒假装自己爱上帝，从根本上说只是坦白了他仇恨人类。

像爱自己一样爱自己的邻居，这更可能吗？除非在另一个身上找到有用的——即让人高兴的——属性，否则，人们绝不可能爱其他人。其实，爱自己的敌人恰恰是不可能的。人们能够控制自己不去残忍地对待伤害我们的人；但是，爱是内心的一种运动，这种运动只有在看到一个我们认为对我们有益的对象时，只有这个对象在我们心中激起了人性的东西(das Menschliche)并且肯定了我们心中人性的东西时，才会在我们心中激发出来。②

爱是真正的联合力量。保罗把它置于一切信仰之前。但

---

① Boulanger, *Le christianisme dévoilé*, A. Londres 1767, S. 143.
② Ibid., S. 144.

是，在他对爱的描述中出现了一些值得考虑的要点，所谓：爱包容一切、相信一切、盼望一切、忍耐一切(《哥林多前书》，13：7[①])[②]

在我看来，为了从人群中制造完全的愚人，以及为了使他们在没有特殊仪式的情况下屈服于牧师的任意行为，不可能拿出比这个教义问答更短的教义问答了。因为，当我为了证明我拥有爱就去包容一切、相信一切、盼望一切、忍耐一切时，那么，每一个只有平均理智的人都能认识到，我的举动一半像个愚人一半像个木头人，一切理性的和人的属性都必然从我身上完全排除掉。

但是，保罗本人没有践行这个教导。

他并没有包容一切，相反，他与巴拿巴(Barnaba)争吵，并且因为自己与彼得对立而赞美自己。

他并不相信一切，否则他也不会如此悲惨地迫害犹太人和异教徒了。

他并不盼望一切，否则他将保持为犹太人，并会与犹太人一起更长久地盼望允诺给他们的弥赛亚。

他也没有忍耐一切。因为当大祭司(《使徒行传》，23：2[③])在

[①] 《哥林多前书》第 13 章第 7 节为："凡事包容，凡事相信，凡事盼望，凡事忍耐。"——译者

[②] Edelmann, *Glaubens-Bekenntnis*, S. 314–316.

[③] 《使徒行传》第 23 章第 2 节为："大祭司亚拿尼亚就吩咐旁边站着的人打他的嘴。"——译者

辩护时违背法律和公道让旁边的人打保罗的嘴时，我们在那一节没有读到，保罗完全坦然地忍受了这一耳光，或者他把另一半脸颊伸了过去。相反，他以一种近乎剧烈的回答反击了那个无礼的牧师，并且正确公道地处理了这件事。因为爱开始于自身。一个不爱自己的人不可能还能够爱自己的邻人。如果人们让自己按照恶棍们所喜欢的方式与每一个恶棍发生关系，或者必须忍受且忘记最大的不公正而不做最微小的报复，那么，我们就完全束缚住了自己的双手，无法为了保护我们的邻人去反对暴力和不公正，同时，在这些所谓的基督徒中间将完全找不到法官和当权人员的任何位置，因为按照这种干净的规定，基督徒不仅必须忍受别人当着他们的面轻蔑地、鄙夷地虐待他们，而且如果爱忍受一切，那么他们也必须忍受世界上的一切都自行其是，却不能有丝毫的反对意见。

§12　宗教的自然对立

基督教中上帝和人、精神和肉体、恩赐和自由之间的非自然对立——这些对立真的是非自然的吗？它们是非自然的，并与人的天性相对立。一个自由的存在物（Wesen）把自己的本质（Wesen）与自身相隔绝，并把这个本质变成一个陌生的主体，自己成了屈服于它的奴隶并靠它的恩赐生活，还能有比这更加矛盾的吗？圣保罗是一个多么愚笨和不自然的复合体啊！他身上有两个人（Menschen），一个老人和一个新人。他身上有两副身体（Leib），一个自然身体和一个精神身体。最后，他身上有两条法则，一条肉身的法则，一条精神的法则。[1]

保罗派基督徒由于那两个空想的人在他们身上进行的争吵而不能听到理性的声音，同时由于真正的充实——因为一切东西在他们那里都变成了双份的——而不能成为完整的和真正的人，他们是什么样的怪物啊！

但是，这些对立是如此不自然，以至于它们又不是不自然的了；它们在多大程度上和人的本质相对立，就在多大程度上是人的本质的必然结果。它们和人本身相对立，但是，人的本性和规定性就在

---

[1] Boulanger, *Examen critique de St. Paul.*

§12 宗教的自然对立

于：人在自己的历史发展中与自己相对立，同时只有这种对立达到极致，人和自己本身才会达到和谐。人作为人，不是自然的产物，而是他自身之自由的作品。人不是生出来的，而是教化出来的。如果人之所是的东西被承认了、被发现了、变成了观察的对象，如果它被彻底地发展、描绘了出来，并且被详细地辨析了，如果人受到自己与自身本质之间张力的刺激，更加有生机地去展示这个本质，那么，这个本质就必然会首先向他表现为一个陌生的、属神的本质。为了成为真正的人，他必须首先战胜非人（Unmensch），因而也就是要首先了解到：在宗教中，他本身就已经变成了非人，而且他把非人性（Unmenschlichkeit）尊崇为自己的本质。人在艰难地服务于这个本质时曾经遭受的痛苦，使得真理和自由对他来说更加贵重；他面对愚蠢和恐惧时最终必然感受到的愤怒和不满，这种极端的感觉给了他必要的弹力，他靠着这种弹力能够打破他的锁链，并能够冲破监狱的城墙。在斗争的最后阶段，爱、恐惧、怀疑、信心、绝望之间的张力，宗教人与自身本质之间的张力，必然会变成伦理上的愤怒和蔑视。如果人完全跳出了错觉，希望成为人，而同时被涂了圣油的愚昧却阻碍人成为人——那么，在这一刻，即在他第一次纯粹地认识到纯粹性的价值的时候，他才能够只是带着恶心和憎恶把那个精心编制的谎言的最后痕迹从自己身上抹去。

统治人类的是一条永恒的、不可变更的法则。这条法则命令人类去认识他们自己，准确无误地把人类引向他们的目标，即引向他们自己。但是为了在人类犯错时不抛弃人类，这条法则在历史中必须放弃自己的不可变更性，必须首先变成历史并经历历史，同时在基督教的时代变成疯癫、狂热和残忍的法则。

在一个人们把肉身当作一种不公正,把无肉身当作人的理想,同时把救世主的肉身当作一个单纯假象的时代,在一个东方人和西方人为了一件小事或者为了一座空坟而彼此分裂的时代,在一个普通人即大量信徒的眼中都发出动物般的怒火,而且点燃的火刑柴堆还没有熄火的时代,——在这个时代,人类与异教徒是不同的,而且与人类将要变成且必定会变成的东西也是不同的。在这个时代,统治着人类的法则与异教徒时代的法则不同,与不再遥远的未来将要处于统治地位的法则也不同。

信仰让这个世界变得腐坏了,颠倒了它的秩序,撕开了它的纹路,最崇高的变成了最低贱的,最低贱的变成了最崇高的,信仰不让任何东西侵占它的位置,任何东西都不能免于它的诅咒。信仰的毁灭已经为我们准备好了:我们现在能够更加轻易地控制世界;它的诅咒让爱变得更加有力量,我们从这个被虐待的世界里得到的补偿更加热烈,更加彻底,也更加不完备;从前的混乱越疯癫、越疯狂,秩序的价值就越大。

§13　颠倒的世界

如果剧场中的丑角通过向酒神巴克斯（Bacchus）要水却向水仙女要酒来逗乐，那么，古代罗马人会捧腹大笑。圣奥古斯丁认为，他们不应该笑，倒不如说，应该流泪，应该反躬自省并且承认，他们的神是有局限的、无力的，因为每一位神总是只能提供一种个别的东西和一种特定的礼物。[①]假如巴克斯是一位像样的神，那么他就也能够提供水；假如水仙女不能够也施予酒，那么她就太无力了。

与此相反，基督是由不同的材料做成的[②]。异教徒的玩笑在他那里是严肃的，甚至神圣的。更重要的是，异教徒认为完全不可能受到嘲笑的东西，对他而言，不仅是可能的，而且也是具有神圣的现实性的，是一个神圣的故事。

基督要求从岩石中得到水，而且得到了它。他要求水变成酒，这发生了。他要求铁不是沉重的，铁就漂浮了。他要求火不燃烧，火就在燃烧的炉子里唱了一曲咏叹调。他要求河流不要流淌，他就趟过河谷而不湿脚。

人不会向干燥的石头也不会向仙女要水，而是从泉源和水井中

[①] Augustine, *De civitate Dei*, Lib. Ⅵ, Cap. 1.
[②] 此处"不同材料做成的"的原文为"von anderm Schrot und Kom"，直译为"从其他的种与谷而来"。——译者

得到自己的饮品；如果他希望拥有酒，他不会纠缠水，也不会纠缠巴克斯，而是会向葡萄藤提要求。基督徒说，这是多么直白和不敬神啊！确实，我们不会再像基督徒那样可笑地对待自然了：我们不能再让烤好的乳鸽在饥饿客人的鼻子底下从窗户飞走，我们不能再把脑袋拿在手里在树林里散步，我们也不再像基督徒一样建造。

听一听！听一听！受上帝佑护的虔诚人群将在其中度过他们永恒生活的这个神圣城市，这座新的耶路撒冷是这样建起来的，其长、宽、"高"都是一样的。① 这个城市的各个门都是由珍珠构成的，每个门都由一颗珍珠构成。道路是纯金的。这个城市里没有庙宇，因为主就是城市的庙宇和羔羊；城市不需要太阳，也不需要月亮，因为羔羊就是光亮；信徒不用再忍受门卫，因为不再有黑夜；每个月都有新鲜的水果——多么美妙的生活啊！再次被这样打上烙印的野人过着这种美妙的生活：羔羊之名被印刻在他们的额头上。

其实，如果一个人希望过这样的生活，那么他在我们这个世界就不可能感到幸福；如果他要是确定地等待着这样的生活，那么他就将最彻底地蔑视现在叫作国家的那种东西。

---

① Offenbarung Johannis, Cap. 21, 22.（关于这座圣城的描写，可参见《圣经·启示录》第21—22章。——译者）

§14 国家

如果一种宗教把它的信奉者对尘世和国家的冷漠提高到如此不同寻常的程度，以至于他们会像例如圣奥古斯丁那样说："考虑到人生是多么短暂，对一个再过几天就要死去的人来说，如果统治者不强迫他反对上帝和做坏事，那么由谁来统治都是完全无所谓的"[1]，那么，这个宗教可以多么自大呀！如果这些真正虔诚的人像奥古斯丁那样说："我看不出，把人区分为征服者和被征服者，对政治稳定和公共秩序、对人的尊严和声誉有什么好处"[2]，那么，这些人完全不再有任何能够让胜利显得珍贵、让失败显得痛苦的目标。

当宗教把它的追随者引领到对尘世感到恶心的程度时，宗教对此是骄傲的。它对自己的绝对权利、独立性感到自豪，对自己的专属领地在财富和收益上超出了人类生活的其他一切领域感到自豪。

这是一个多么错误的骄傲啊！宗教本身并没有任何特殊之处，它也不是天国的特权，国家和世界并不会首先为了它的缘故而被否定。相反，它是对尘世本身的恶心，是对历史的绝望，是对世界本

---

[1] Augustine, *De Civitate Dei*, V, 17. （参见〔古罗马〕奥古斯丁：《上帝之城》[第5卷，第17章]，王晓朝译，人民出版社2006年版，第212页。——译者）

[2] 参见〔古罗马〕奥古斯丁：《上帝之城》（第5卷，第17章），王晓朝译，人民出版社2006年版，第213页。

身的否认,除此之外,别无其他。虽然宗教重新为自己建造了一个体系,甚至能够重新建立一个王国,但是这个体系只是对尘世的一种演绎出来的和教条化了的厌倦,这个体系的王国是一个被暴力地维持下来的王国,是对尘世的过度恶心,它必然——就像中世纪经常发生的那样——会压制或诅咒每一种民族性的和世俗性的生命冲动。因此,基督教是古代最终会感受到的对它自身的那种恶心的独立化表达,或者说,基督教是各个国家在自身之中不能再找到任何解救方法来抵抗自身衰落而感受到的那种绝望的独立化表达。因此,基督教是人类在这个特定阶段上对自己本身以及对自己的一般规定的幻觉。

因为这种特定的人类规定形式必然瓦解,所以宗教相信,人类的终点已经出现了,末日审判已经降临了。因为这种特定的国家生活不再能够维持下去了,所以在宗教看来,国家乃至尘世一般而言都必然会消亡。因为在自我意识的一种更加自由也更加高级的普遍性的制裁面前,这个国家、这个宪法、对人类的这种认识都不再能够维持下去了,所以宗教得出结论说,国家、宪法、社会在精神的更高普遍性中必然灭亡。这个错觉、这个谬误、这个残害人的普遍性就是完善的宗教意识。① 直到人类在上个世纪发现,存在着一种社会生活和宪法能够与之协调一致的精神自由,这种宗教意识都坚不可摧。

依据那部更加卓越——美妙的——著作,奥古斯丁② 把他讨论

---

① 在这句话中,"错觉"对应于本段上文中的宗教认为人类的末日已经到来;"谬误"对应于宗教认为国家乃至尘世都会灭亡;"残害人的普遍性"指的是宗教眼中的"精神的更高普遍性",即上帝所代表的普遍性。——译者

② *Retractationum. Lib.* II.

天上和地上的国家的大部头著作命名为《上帝之城》，其含义与现代的护教论者在世界历史中只看到"上帝王国"的历史一样——这其实是一种极其悲哀的骄傲，因为假装在历史中看到了属神的秘密，这只是源自对现实法律和历史利益的无知！

作为宗教意识达到完善的最后一步也是最具决定性的一步，宗教改革尚不能产生出国家和人类社会的思想。按照其原则，只有下面这个观点才是可能的：即国家制定法律保护其人身财产的人，是那些由于感恩在精神财富上得到的馈赠而依附于教会的人。因此，教会才把"圣徒的身体"转让并托付给国家。①

梅兰希通（Melanchthon）说：人的规定是，他要了解上帝；社会的目的是，一个人向另一个人传播上帝意识（Gottesbewußtsein）。一个聪明的国家政府必须首先牢记于心的是，国家确实被上帝赐福了。当权者必须阻止对不信神的教条的信仰，让任何不信神的礼拜都不能出现，惩罚异教徒。但是，谁来评判这个教义？当然是教会，即虔诚且受到良好教导的人。但是当权者也是教会的一员；因此，他必须尤其警惕自己的双眼，也就是说，他不被允许去思考国家。对于当权者而言，也像对于臣民一样，并不存在着一个国家。政府是教会的一个成员，教会无所不包，而且是最终目的（Endzweck）。如果当权者在任何地方与作为整体的教会有丝毫区别的话，那么其区别就是，教会是作为异端裁判所的大审讯官服务于当权者的。

如果现在当权者想起了自己最崇高的最终目的，并按照它行

---

① Sanctorum corpora ei subiicit. Melanchton. *Loci communes* edit. 1535.（未找到此处引文。D. H.）

动,那么,作为真正的基督徒,臣民必须坚持这样一个信念来生活,即上帝曾经激励了当权者,而且事实上通过他的一种特定的影响,上帝在立法的过程中引导并控制着当权者的理智。① 也就是说,臣民不能有这样的想法,即他最终也要在公共事务中有一个声音,或者甚至是,他能够成为自己信念的主人。

公民自己不知道他如何在一个国家中生活,因为共同体是神的礼物(donum dei),而它本应该是所有人的公共事务和普遍行动。而且作为神的礼物,它是个别人的特权。毕竟有谁能够为上帝立法呢?

这是多么野蛮的言语啊!这是多么不可理喻的言语啊!然而又是多么可以理喻啊!——国家不是自由的作品。国家的不自由和不完善性就在于它依赖教会,而且它的不自由是被授予特权的不自由,是独立设定的不自由,是它的受到承认的、臭名昭著的非存在(Nicht-Sein)。

教会做这一切时是多么骄傲,多么隐秘啊!教会对于一而再再而三提醒国家铭记它的一切赐福都来自于教会是多么感兴趣啊!而且教会只是国家的不幸!它不希望国家变成现实国家!国家在公祷中说其首要义务是保护教会,其基础是宗教,这是多么谦卑啊!它的公祷文只是坦白了,它不愿意信任自己的公民,它不愿意把特权人士的财产变成普遍的事物。

但是,它的基础将一直稳固吗?它的谦卑将总能找到信徒吗?

让信徒出场吧;他们要表演自己的奇迹了。

---

① Vere suo aliquo opere. Melanchton. *Loci communes* edit, 1535. (Corp. Ref. Bd. XXI. S. 546. D. H.)

§15 信徒的无力

是的！信仰是有力的！它已经把各个民族变得神圣了，即把它们变成了非民族，把国家变成了基督教国家，即变成了被赋予特权的资产所有人，把人变成了信徒，但是却把他们变得不相信人性的声音和诫命了。

当信仰颠倒世界秩序的时候，它是有力的！

但是，它的雷霆之词没有让人类认识自己：地狱的恐怖景象并没有改善他们。吓住绝望的心灵是容易的，但是增强它，改善不通人性的人，是困难的。

信仰是古代人对自己的国家、艺术和科学以及自己的人性的消亡的恐惧。它本身就是这种消亡，但却不是这些财富和力量的更高重生。因为如果这些东西重新从坟墓中复活了，信仰必然会压制它们。现在它们从坟墓中爬出来了，而且不能再被赶回坟墓里了，信仰将与之进行最后的斗争。

信仰力量的奇迹在于创造一个颠倒的世界，因此也就是在于意识的一种行为（Tat），或者毋宁说是无意识的一种行为。

因为信仰的秘密在精神的深处，亦即在精神的损失中，所以如果信仰现在依旧想要提出如下主张，即它不止是一个精神性的事实，而且是一个天上的奇迹和这个奇迹的力量，那么，好吧！就让它创造奇迹吧,就让它证明它拥有很多奇迹力量吧!

机不可失,时不再来!历史不再有更多时间等待信仰给出答案。

但是,信仰无法作出回答——它的答案必然是由一种非常自然和常见的暴力行为构成的——埃德尔曼在等待一个答案,也必然是徒劳的。

但是,牧师无力信仰的软弱和赤裸是显而易见的。——正如人们亲眼看到的,主耶稣在《马可福音》第16章第17节[①]说过的那些神迹本应发生在那些信的人身上,但却压根没有发生在他们身上;我们的抄写员早就已经发现,私下教导他们的信众说奇迹在基督教界(Christenheit)已经终结了是明智的;他们却没有考虑到,如果主耶稣说过这样的话,那么,那些神迹就部分地把主耶稣明显变成骗子了,因为他没有说过,那些相同的神迹不会发生在我们这些信徒身上;当他们现在还在赶鬼而不能给出最微弱的理性原因来说明他们为什么不能够也模仿其他的神迹时,那些神迹部分地与自身陷入了对立,因为事实上按照我们的《圣经》的说法,主耶稣没有做出任何例外,而是直接对信的人说:"信的人奉我的名赶鬼,说新方言,手能拿蛇,若喝了什么毒物,也必不受害,手按病人,病人就必好了。"

虽然人们说,所有这些神迹在一千六百年或更早以前,现

[①] 《马可福音》第16章第17节为:"信的人必有神迹随着他们:就是奉我的名赶鬼,说新方言"。——译者

实地发生在了第一批信徒身上,而且人们知道去讲述一堆这一类稀奇的轶事。只是,为什么这些神迹没有发生在我们这些信徒身上,这样我不是能够更加肯定地信仰这些过去的奇迹吗?我们不要求用它们赶鬼。只要人们没能看见,魔鬼是因为他们的话而离开了还是留了下来,那么,这就是一门坏的艺术。在我们中间没有蛇,或者说,蛇至少没有伤害我们,而且如果一条蛇靠我们太近,那么,一根好用的棍棒将比我们荒谬地信仰着的东西更加安全地赶走它;但是,如果人们让亲爱的信徒一度靠着他们信仰的力量说新方言或外国话,那么他们就能够省下在学校和大学里努力学习这种外国语而必须交出的很多钱了;人们应该让信徒们从正直的苏格拉底的毒酒杯中喝上一口,并且看看,如果他们不使用解毒剂,这是不是对他们没有伤害;让他们把他们神圣的手按在痛风或水肿病人身上,观察一下这些病人是否就好了。①

即使信仰不能真正控制自然界的电闪雷鸣,也不能移动山脉,但是信仰依然是足够有力的。它甚至总是能够承认,自然界不是它的仆从:——它总是还能够称赞自己的非凡行为和自己统治世界的那个时代。它的力量是精神性的,它赋予了世界新的风格(Stil)。改造世界的中介是人创造的,同时人本身的风格是神学的风格。但是,信仰不乐意赞美自己的精神力量,因为对于最终必须真正坦白自己的力量是缺乏精神(Geisteslosigkeit)的力量,它感到害怕。它

---

① Edelmann, *Glaubens-Bekenntnis*, SS. 321—322.

不会说，它的风格是其统治世界的权杖，因为如此一来，过不了多久它就必须承认，它的统治权是一支随风摇摆的芦苇，只有当人还害怕成为人的时候，人才会服从于它，并在它的提示下架起执行火刑的柴堆。

§16 神学的风格

没有任何神学家在自己的力量中曾经拥有过一种纯粹有力和纯粹男子气概的风格(Stil),更别提美好的风格了。路德的风格必须被单独称为规则的例外。当他使用最勇敢的用语时,其风格的勇敢和有分寸的形式,以及当他处在最勇敢的运动中所达到的那种轻松自如,在德语中从来没有再被达到过。但是,他也从来不是例外,因为当路德作为男性(Mann)在自由的利益中揭露了僧侣统治集团的谎言时,他只是在作为人类(menschlich)、作为男性(männlich)写作。当路德作为一个神学家写作时,他必须用尘世的权杖交换神的奴隶的摇曳芦苇。神学风格的特征包括:不稳定性、对思想和形式之规定性的讽刺、只有通过隐藏在语词中才能勉强掩饰自身恐惧的那种软弱的狂妄、想要把自由和恩赐、享受和斋戒、上和下、是和否结合在一起的那种狡猾,以及最后还包括固守软弱。

I 夸夸其谈

夸夸其谈是对思想之明确性的自负,它完全属于宗教和神学语言的本质,以至于圣徒们虽然保证自己想要简单地说话,并且保证自己想要放弃一切夸张手法,但是他们立即就忘记了所有标准,并且发现任何夸张手法都是不够的,不足以麻痹其读者和敌人的理智。

他们保证想要简单地和朴实无华地说话。这个保证本身就已经是一个夸张了。

在兑莱门(Clemens)主教的《承认》(*Rekognition*)中,他是这样说巴拿巴(Barnabas)的:他单纯地、不带任何烟幕地陈述了他所听到或看到的关于上帝圣子的东西。且不说"上帝圣子"这个规定就已经是一种无法忍受的夸张了,也不必说如果有人说巴拿巴曾经看到了上帝圣子的某些事情也是一个单纯的烟幕了——巴拿巴邀请他的听众们追随上帝圣子,如此一来,他们就能变成"永恒的",并享受到他的"言语无法表述的"善,此时,自以为清醒的巴拿巴提供给他的听众的依旧只不过是烟幕。

正如圣希罗尼穆斯在反对维吉兰修斯(Vigilantius)时[①]向我们保证,教会从来没有——像后者在"烂醉"状态下指责的那样——向受难者祈祷,而是向他们中的基督祈祷。他一口气说道:尽管殉道者无所不在,因为"羔羊无处不在,因此人们也必须接受,那些与羔羊同在的人也无处不在"[②]。就好像他在这样赞美殉道者的时候没有把他们提升为必然要受到敬拜的神一样!

一个圣徒写下的任何词句都会让自己犯下这种夸张、健忘和空洞的夸夸其谈。在上面提到的那部反对维吉兰修斯的著作中,圣希罗尼穆斯在前面几行写道:在他把维吉兰修斯驱逐到尘世这个最壮

---

① Hieronymus, *Adversus Vigilantium*, C. 2 (实际上是 C. 3. D. H.。)
② Ibid., C. 6. D. H.

观的恶魔社会即怪物社会中之后，他想要避免如下的假象，即就好像他只是用花言巧语的空谈——rhetorica declamatione——就可以开始攻击一个最初由他本人虚构的怪物的罪行似的。然而他立即又说，维吉兰修斯曾经"在酩酊大醉鼾声连天时呕吐出"[①]了一部反对滥用（Mißbräuche）的著作。但是事实上，只有异教徒、人类之友才能够把这些错误行为视为或指责为滥用，而圣徒则必须把它们视为教会生活的完善。

教父夸夸其谈的本质很早就为所谓的滥用打下了基础，而这些滥用却是宗教的必然结果。主在人吃圣餐时被庆祝、牺牲和享用。从对圣餐和主的身体的这些夸夸其谈中，弥撒产生了。从对殉道者的神圣性和力量的花言巧语的长篇大论中，很早就产生出了圣职和对圣髑的尊崇。《圣经》对贫穷和独身的夸张促成了僧侣制度。

但是，让我们更加开诚布公地表达自己的看法吧！按照其本质而言，宗教本身就是对人类特定目的之局限性的一种夸张和夸夸其谈的空话——在这种空话中，人的规定性只是蒸发了，而没有在自我意识的普遍性中找到自身最终统一性的点——同时，并不是《圣经》和教父的那些空谈首先引起了那些滥用，或者说，甚至不是它们偶然引起了那些滥用，而是说，它们本身就是理性和语言的滥用，是对人类最恶劣的冒犯，它们所造成的滥用就是它们自身，因为滥用一般而言就根源于宗教意识的夸张和颠倒。

原罪的这种规定，即所有人从亚当开始就已经堕落了，启示是"来自上面"的信念，把一个个体描述为上帝圣子，关于奇迹的报道，

---

① Inter crapulam stertens evomuit. (C. 3. D. H.)

以及"一切人（alle）"或"没有人（niemand）"这些出现在宗教对幻想和空想的判断中的范畴——所有这些都是空谈和夸张。正如现代的批判已经证明的，其思想上的匮乏（Gedankenlosigkeit）在《新约》的风格中找到了典型的表达。在这里，空谈变得清醒了，对人类无法忘记的梦似乎作出了可以理解的概括，但这只是在对奇迹般的秘密之合目的性做出护教论的担保。神学为了证明这些奇迹般的秘密之合目的性伤透了脑筋，因此，这种担保往往可能带有思辨的假象。

Ⅱ 神学的担保

如果牛做了这样的梦，它站在山边，一种神奇的力量把它拎到了山的另一边，那么在第二遍反刍早餐以后，它就会对自己满意地哼哼道：是的，事情必然是这样的，没有其他可能。

如果费希特先生在他的本体论中不能立即从一个哲学范畴前进到另一个范畴，那么他就会颁布命令说，后面范畴的"要求"就存在于先前的范畴中，同时正如它所要求的，它就存在于那里。

任何奇迹都不足够怪异，任何对立也不足够疯狂，能够让神学家承认，他一生都在反刍的对象是无意义（sinnlos）和无价值的；也不能让神学家承认，这个对象构成了人类的一种利益。

但是上帝对这些事情有着永恒的利益。——也就是说，神学意识的无知想要永远保持下去——这样上帝就有用武之地了。而且神学家向我们保证，上帝必定插手其中，因此便产生了困惑神学家一生的谜题。

举例来说，如果一个奇迹据传言应该发生过，那么，它就必然发生过，因为"'遗忘上帝'这种恶，有重新变得像它在洪水来临之前那么普遍的危险"。或者，事实就是它们迫切地"要求上帝插手"；或者，"足以构成具有更大神性的那些事件之基础的，从来都不是这些单纯的指令，而是与这些指令联系在一起的事实"。单纯通过知识是不能了解真正的上帝的；不能！为了证明自己的真理性，上帝事实上必须与法老及其偶像，或者与非利士人的大衮①，或者与尼布甲尼撒作斗争。"为什么不应该这样？""什么阻碍了"神学家希望拥有的一切发生，亦即"什么阻碍了"神学家在《圣经》中读到的一切发生？为什么它们没有发生？一切都是正当的、合适的，"只有写下的东西才发生了"！我们要亲身置于那时的情境之中——就好像这些情境与奇迹不同，没有空想的特征和源头似的！——我们不应该忘记的是，"我们需要的只是提升精神和提升心灵的东西"。看看吧！上帝不是恰恰在"最紧急的时候"插手其中的吗？你们还怀疑？那就再思考一下，"假如某件事已经发生了，那么，这件事不就已经成了上帝计划的阻碍了吗？难道主不应该做点什么，不需要大声宣布'这是我本人做的'（ipsi fecit）吗？"

你们还在为奇迹感到惊奇吗？

但是，亲爱的朋友，你从哪里知道，上帝插手其中了？受到高度敬仰的神学家回答说：好，我的孩子，除了这个事件，其他的都无法得到说明。——就好像除了彻底消除空想，还有别的方式能够解释清楚它似的！——恰恰这种事件，恰恰这种幻想是"上帝插手

---

① 根据《圣经》，大衮（Dagon）为非利士人（Philistines）之神。——译者

其中最显眼的明证"[1]。

很显然,我们在兜圈子。我们在最后与在之前一样机智。但是,我们不会让神学家看到我们不舒适的惊奇。我们不会对神学家说,他在牵着我们的鼻子转圈;他关于这件事或那件事具有必然性的担保,只是一个看起来很精致的同义反复,其贫乏却是很难完全掩盖的;他求助于神,只是在固执地坚持自己的无知。我们不会对他说,不仅奇迹必须接受批判,而且那些使奇迹必然发生的"情境"也必须接受批判。如果我们不想让他变得不高兴,那么我们就不会告诉他这一切。但是我们最终还是会告诉他这一切,因为如果他变得不高兴了,那么他的神学本性就得到了更加充分的发展。

他不能承受任何对立。他是世界上最易怒的人——完全可以理解!因为他不是自由地、按照普遍的理论的方式来处理事情和面对我们的怀疑,他只是用他那有局限的意志来反对我们,因此,他也必定认为,唯有我们是顽固的、恶的、不思改悔的,而且我们只是不愿意承认他的真理。[2]

对于他而言,我们的怀疑甚至我们的证据都不是讨论的对象,而是一种刺激了他最内在灵魂的"冒犯"。

III 神学的愤怒

当梅兰希通(Melanchton)用讨论冒犯——即论丑闻(de scan-

---

[1] 这些范畴,虽然可以从任何辩护性的叹息(Stoßseufzer)中获得,但我们的出处是:J. J. Heß, *Kern der Lehre vom Reiche Gottes*, 2. Aufl., 1826。

[2] 例如 Augustine, *De Civitate Dei*, 10, 24: Porphyrius noluit intelligere。

dalo）——的一节内容来得出他的教条结论时，他在他的教条即"神学的陈词滥调"上打出了真正的神学王牌。① 如果一位神学家曾经谈论过任何对立，那么这对他而言都是一种冒犯，他必须严厉斥责对立，并且必须把事情变得婴儿般无害。否则，其永恒的灵魂救赎就可能会受到伤害。

谁要是与他对立，谁就是恶的。而且必然永远都存在着恶人，因此神学家总是拥有真正的自我感觉，冒犯让他的怒从胆生。

在审判异教徒的法官艾比法纽斯（Epiphanius）借关于奥利金主义之争② 而写给耶路撒冷的约翰的信中，他首先抱怨了奥利金胆敢犯下如此罪行，竟认为魔鬼有可能在未来再次返回到他们在天上的古老位置。

> 我不知道，我对于这种主张是应该笑还是应该哭。糟透了！——pro nefas——谁能够如此愚蠢、如此可耻，以至于施洗者圣约翰，使徒和福音书作者保罗和约翰，以及以赛亚、耶利米等其他的先知，应该与魔鬼同样成为天国里的共同继承人。

糟透了！在神学家满身大汗地在绵羊和山羊之间作出区分之后，他的工作应该再次被破坏吗？

仇恨是他的声誉。圣希罗尼穆斯说道："对于那些说我带着仇

---

① 1521 版。
② 奥利金主义来源于古代基督教希腊教会神学家奥利金（Origen. 又译俄利根，约 185—254 年）。奥利金认为《圣经》与哲学并不相悖，鼓励门徒自由探索经文的哲学内涵。在公元 4 世纪，奥利金主义遭受了强烈的反对，有关争论被称为"奥利金主义之争"。——译者

恨的怒火写作了这部著作的人，我的简短回答是，我从来没有体谅过异教徒，并尽了我所有的力量来工作，因此教会的敌人也变成了我个人的敌人。"①

神学家很早就知道了，他必须把谁视为自己的敌人。他的耳朵很精巧，很轻易地就会被他不能承受的东西激怒②。他依据一个东西是神圣的还是世俗的，来判断一切。他清晰地从让他不高兴的东西中听出了，魔鬼事实上是如何通过异教徒的口说出了不可容忍的渎神言词的。③

现在确定无疑的是，异教徒有"毒蛇的舌头"，他"在疯狂的愤怒中确认了他的渎神言词"，而且他就是一个彻底的疯人院。④

带有这种风格和观点的愤怒也已经存在于《圣经》之中了。而且不论是在这里，还是在早期的教父和后来的神学家们那里，这种愤怒都达到了如此卑鄙下流的程度⑤，以至于对于人类的笔而言，偶尔写下例如哪怕只是圣经中的一个句子都是不可能的。

---

① *Adversus Pelagian*. Prooemium. (Ed. Vallarsi. Venedig 1777 Tom. Ⅱ. S. 695. D. H.）

② 正如希罗尼穆斯所说，罗马人之耳不能忍受（Romanae aures ferre non possunt）。

③ Quod per os eorum intolerabilem blasphemiam diabolus sibilet. Hieronymus, *adversus Pelagium*, ad Ctesiphontem. (参见 Corpus Script, eccl. Lat. Bd. 56, 3. 1918. Ep. CXXXIII. C. 5. S. 249. D. H.。）

④ O insanum caput. Hieronymus, *adversus Vigilantium*. C. 2 (事实上是 C. 5. D. H.。). Lingua vipera ib.C.6。

⑤ 例如：《彼得后书》第 2 章第 1—22 节。(彼得在这里向人们预言了假先知的出现，说明了这些人的渎神行为和惩罚，并且描写了色诱者的渎神行为及其惩罚。其中第 1 节为："从前在百姓中有假先知起来，将来在你们中间，也必有假师傅，私自引进陷害人的异端，连买他们的主他们也不承认，自取速速地灭亡。"第 22 节为："俗语说得真不错，狗所吐的，它转过来又吃。猪洗净了，又回到泥里去滚。这话在他们身上正合适。"——译者)

在约翰的《启示录》中反对罪恶之人和异端人士的那种毁灭的愤怒,以及这位虔诚的人面对施加到这个罪恶世界上的大量惩罚感到幸灾乐祸的方式方法——在那位愤怒的斗士频繁采用这些手段时,就算它们不可笑,就算这些惩罚中体现出来的想象力不是完全贫乏的,那么,这些内容也必然会让我们震惊。

在《启示录》的夸夸其谈中,上帝的几个最初的信使为了折磨这可耻的尘世和人类而出走,在这之后有七个吹号天使吹响了号,而且每吹一次就有一种新的苦难降到尘世中。最后,在早就有了足够多的浓烟、鲜血和苦难之后,烟雾再次升起,直到罪恶之人被投进火坑之中,同时小羔羊的兄弟姐妹们安静地聚集在神奇的城里。① 所有这一切都是在为最后的审判作准备。就像我们说的,如果这一切不是这么贫乏和单调的话,因而也就是说,如果关于这些天使事务和号角音乐的无尽要求不是太过可笑的话,那么,我们就能够把这部惩罚法典确立为关于《圣经》中的语言和愤怒的一个卓越的例子了。

我还从加尔文的《基督教要义》中搜集到了一个关于异端人士神学特征的范畴表——最温和的范畴还是这个范畴,即异端人士的研究被称作肤浅的、轻浮的思辨,异端人士本身被称为轻率的精神,他们的知识追求被称为无意义的、颠倒的好奇,他们反思的结果被称为愚蠢、疯狂和疯癫。当加尔文揭露异端人士是一个受诅咒的来自地狱的怪兽,当加尔文揭露异端人士的异端邪说是可怕的猛兽②,并说这猛兽将死于神的愤怒,将死于已经开始注重伸张神的正义的虔诚

---

① 《启示录》第 8、9 章对这 7 位天使带来的惩罚作了详细的描述。——译者
② *Instit.* Lib. II , C. 14, 5, *exitiabile monstrum Servetus* II , C. 14, 8; horrenda portenta cumulavit Servetus.

人士的怨恨,加尔文的语言和愤怒达到了最高的级别——当我已经说明了这个范畴表的两个最极端的规定时,了解这么多已经够了。

我们在这一切中都必须始终牢记的是:在异端邪说中受到诅咒的是人性(Humanität)的萌动和把宗教人道化(humanisieren)的努力。

神学的风格(Stil)与匕首(Stilet)差别并不大。保罗·萨尔皮(Paul Sarpi)喊道:哈!这是罗马人的风格,是被暗中伤害了的教廷风格的伟大敌人;我所知道的罗马风格(cognosco stilum Romanum)!——神学的风格是一把反对异端人士的尖刀。但是,它也是一把既伤害了理性也伤害了启示的双刃剑,而且它同时戳中了理性和启示,以至于神学家表现出了他想要调和这双方的事业(Sache)的假象。这种风格是神学狡猾的武器,这种狡猾在其最后衰落时变成了愚蠢。

Ⅳ 神学的狡猾和愚蠢

圣奥古斯丁曾经说过①,哲学家们直言不讳,并且他们在严肃的事情上并不考虑宗教的耳朵是否反感。② 但是,基督教的神学家们必须表现得不同,他们要轻轻地、小心地做事,并且经常压制在哲学家看来可能表现为世界上最自然的后果。例如,奥古斯丁说,尽管神学家像谈论几个特定的人物(Personen)一样谈论圣父、圣子、

---

① Augustine, *De Civitate Dei*, 10, 23, 24.

② Liberis verbis loquuntur philosophi nec in rebus ad intelligendum difficillimis offensionem religiosarum anrium pertimescunt.(出处同上,10, 23. D. H.。)

圣灵,并且承认那三者中的每一个都是上帝,那么他还是没有自由得出如下结论,即说这三者事实上是三位上帝。这是真正的神学套话!神学家总是感到自己在人格上(persönlich)被侵犯了,感到自己被逼到了墙角,并且被迫承认他不愿意承认而事实上又只能坦白的东西,因为除了作出一种可怕的妥协,他不知道还有其他能够帮助自己的方式。神学家必须谈论三位(Dreien),坚持说存在着三位,但在这样做和这样说的时候,似乎又并不存在三位。按照圣保罗的命令在现实生活中应该做什么,基督徒在言谈和争辩中就必须做同样的事情:有妻子的,要表现得好像没有妻子;他在言谈和行为时必须表现得好像语言没有正误一样;他必须与人争辩,但又要嘲笑一切推理法则。

正如使徒是作为犹太人接触犹太人的,又是作为希腊人接触希腊人的,因此,神学家必须作为信徒面对启示,同时又必须友好地对待理性——因为他必须同时面对这二者,所以他也总会破坏这二者。

举一个例子!当亚伯拉罕把他的妻子萨拉交还给法老时,法老对亚伯拉罕说:"你为什么对我这么做?你为什么不对我说她是你的妻子?你为什么说她是你的妹妹?"每一个不受局限的人都会像法老这样看待这件事情——不!不!神学家说:亚伯拉罕只是隐瞒了萨拉是他的妻子,但是他并没有否认她是他的妻子。当摩尼教的浮士德[①]断定,因为亚伯拉罕非常明确地保证萨拉是他的妹妹,他才会说,她不是他的妻子,这时,浮士德成了一个"诽谤中伤者"。

---

① 摩尼教的浮士德指的是米列夫的浮士德(Faustus of Mileve),公元四世纪的摩尼教主教,他的学说是奥古斯丁进入摩尼教后的教义启蒙。——译者

不！不！神学家说；理性和语言滚一边！它们会让亚伯拉罕变成一个撒谎者！但是如此一来，启示又受到了致命的侮辱——亚伯拉罕只隐瞒了萨拉是他的妻子①——就好像这样说没有把启示和理性一起变成傻瓜一样！

现代的批判已经发现了神学的狡猾（Jesuitismus）在对待《圣经》时用到的一切措辞。

甚至没有任何谎言太坏了，以至于神学家会由于心灵的害怕而把它视为不允许使用的。针对自己使用了一些连自己都发现不太可能的贫乏八卦故事来反对犹太人，希罗尼穆斯为自己辩护说，我们不能诅咒一个从对犹太人的仇恨中、从信仰的热情中产生出来的错误。

所谓的第二封彼得之信，写于那样的时代里，那时，那个叫彼得之人的生活早就被人们忘记了。彼得曾经"看到过'基督'的荣耀"，当福音书作者报道的基督正在改变形象时，彼得也出现在"那座神圣的<！>山上"②。尽管这封书信的作者表现得好像自己就是彼得，尽管第二封信的作者联系着所谓的第一封彼得之信说道："这是我写给你们的另一封信，亲爱的！"但是，这第二封书信是由不同于第一封书信作者的另一个作者写成的。而第一封信同样是强加

---

① Augustine, *De Civitate Dei*, 16, 19; uxorem tacuit, non negavit.
② 《马太福音》第17章第1—5节："过了六天，耶稣带着彼得、雅各和雅各的兄弟约翰暗暗地上了高山，就在他们面前变了形象，脸面明亮如日头，衣裳洁白如光。忽然，有摩西、以利亚向他们显现，同耶稣说话。彼得对耶稣说：'主啊，我们在这里真好！你若愿意，我就在这里搭三座棚：一座为你，一座为摩西，一座为以利亚。'说话之间，忽然有一朵光明的云彩遮盖他们，且有声音从云彩里出来说：'这是我的爱子，我所喜悦的，你们要听他！'"——译者

§16 神学的风格

到彼得身上的。

类似地，约翰《启示录》的作者在其著作的一开始便讲明了，他就是第四福音书的那位见证人和作者，而第四福音书在他的时代已经变成了使徒约翰的一部著作。

神学的狡猾从根本上说始终都是愚蠢，教父以至最后的宗教改革人士曾经赋予了它严格的形式，这掩盖了它的不可靠性。现代的神学家们充分发展了这种愚蠢；当现在的神学家们想要把这些不可容忍的对立捆扎在一起时，他们那双又老又弱的手已经不再能够紧绷地拉紧绷带了。

举个例子：

> 为了摆脱群体（Gemeinschaft）带来的一切败坏的影响，或者说，为了保护自己免遭法利赛人的酵和希律的酵（《马可福音》，8:15①）的影响，尽管基督徒不能离开这世界，但是他应该离开这世界（《哥林多前书》，5:10②）。毋宁说，他

---

① 《马可福音》第8章第15节原文为："耶稣嘱咐他们说，你们要谨慎，防备法利赛人的酵，和希律的酵。"在《圣经》中，这两种"酵"是罪恶的，因为它们会像酵母发面一样败坏对上帝的信仰。关于它们的具体内容有着丰富的讨论，大体说来，"法利赛人的酵"对人的影响是：表面上敬爱上帝，而实质上背弃上帝，如《路加福音》第12章第1节有这样的解释："耶稣开讲，先对门徒说，你们要防备法利赛人的酵，就是假冒为善。""希律的酵"指的是直接背弃上帝，贪恋尘世和情欲，可参见《马可福音》第6章第14—29节。——译者

② 《哥林多前书》第5章第9—11节原文为："我先前写信给你们说，不可与淫乱的人相交。此话不是指这世上一概行淫乱的，或贪婪的，勒索的，或拜偶像的，若是这样，你们除非离开世界方可。但如今我写信给你们说，若有称为弟兄，是行淫乱的，或贪婪的，或拜偶像的，或辱骂的，或醉酒的，或勒索的。这样的人不可与他相交。就是与他吃饭都不可。"——译者

是被安置在世界里的,而且是被上帝编进某一个社会群体(Gesellschaftskreis)的。因此,他就部分地包含了改善和维持这个群体的盐分,部分地在恶习带来的痛苦中感受到了对自己罪过的警告。既然接近这个世界和远离这个世界都是自由的事业,因此,精神上的谨慎就会要求他逃离一个群体(《哥林多前书》,15:33),并追寻另一个群体。①

如果我们……那么我们就应该……②。

基督徒的渴望好像整个地超出了时间和可见世界;但是,因为它丝毫不接受激情和热情这种存在物,相应地,基督徒的渴望就与从主那里得到的当下欢乐最紧密地结合在了一起,或者与主在尘世的作品和本质最紧密地结合在了一起。③

——神学家就这样把尘世和天国恰如其分地连接在了一起。

"尽管"和"但是","虽然"和"但是",天国的"否"和尘世的"是",这些就是现代神学的基本支柱,是现代神学踩着它阔步行走的高跷,是现代神学的全部智慧都局限于其上的诀窍,是现代神学的所有用语(Wendungen)都会折回其中的转折(Wendung),是其阿尔法和欧米伽,亦即是其全部。

神学意识的内在不可靠性也必然产生一种不牢靠的风格,这是

---

① Nitzsch, *System der christlichen Lehre*, 1837, S. 280.
② Ibid., S. 282.
③ Ibid., S. 337.

不言自明的。意识内在的野蛮也必然表达在野蛮的表达中。举例来说,必然会有人说"《圣经》承认了亚当的恶和该隐的恶"①——这是很自然的。

我们一点都不奇怪,神学的立场与人类的思维方式、说话方式和直观方式是完全相异的。举例来说,像"内在的神权政体(Theokratie)不是由道德规范(Nomothesie)产生的,而是由对神的说明(Theodidaskalie)产生的"②之类的野蛮说辞被描述为最深刻的智慧,并被人们接受为这样的智慧。最后,我在我的著作《自由的正义事业》③中详尽地表明了,一种像当代神学家的意识同样晦暗的意识,是不可能认识到现代批判的纯粹性和人性的,这种意识不能够正确理解任何批判的句子。

我还只需要描述一个东西,即神学愚蠢的烦扰和聒噪。

V 愚蠢的纠缠

这种纠缠说道:

> 还必须考虑到一点:因为它必然是那样的——所以它确实是必然的。即使这些现象——这些奇迹——是对现象世界中的自然联系法则的僭越,但是只要人们理解了,与这些自然联系

---

① Nitzsch, *System der christlichen Lehre*, 1837, S. 210.
② Ibid., S. 308.
③ 关于鲍威尔的生平著作,可参考书末给出的"鲍威尔生平及其主要著述年表"。——译者

不可能存在任何对立,那么,这些现象彼此之间也就绝对不是对立的。

对立并不是对立,但是,为了达到这样一种理解的高度,必须用宗教信仰这样一种更高的光,点亮对历史的观察。不过,这是很容易的,因为这些前提对于人类而言是本质性的和必要的。因此,不能否认的是,这些前提满足了人类本性的基本需要。

我们也不应该摆脱更高的前提,因为它们是上帝植入我们心中的。其实,信奉上帝的学者的义务是,使自己远离自己不同意的一切前提。但是,我也已经在我的11卷本的教会史的所有前言中,利用一切机会和条件清晰地区分开了两种前提,一种是信徒必然怀有的前提,另一种是信徒从其心底必然厌恶的前提。现在,确实还有很多人把自己投进了思想的摩洛克(Moloch)的怀抱里,但是我们知道自己的需要,我们的第一个需要就是对一个恰当的前提的需要。

这一次,我也将不会满足于吹毛求疵。但是,我曾经充分地告诉过他们,他们由于自己的吹毛求疵已经丧失了对真理的任何感觉。我只想提一下这个事实,即我连同我的整个灵魂都同意我珍贵的朋友弥勒和乌尔曼说过的话,并且希望这些真理的词句被足够多的人牢记。

这个时代被最生硬的对立割裂了,它在放纵和奴役之间摇摆。正如我喜欢评论的那样,这个时代与宗教改革之前的时代有许多相似性。这个时代恰恰需要像我朋友这样的人。我将会逐个地列出这些人的名字。任何时候,只要我出一本书,都

§16 神学的风格

会用一个献词取悦他们中的一个。

我反对一切概念的偶像化(Begriffsvergötterung)，反对一切精神贵族。对于我的神学立场，我不要求任何特殊的宽恕。相反，我很了解如何用科学的理由维护我的观点。最后，我要感谢我尊贵的朋友 N. N.，他为我这部最新著作的外在正确性付出了很多努力。我祝愿他有一个合适的活动范围，同时祈求上帝会赐福他成功。我们必须在爱中联合起来，我们愿意为了爱结起纽带。因此之故：打倒思想！打倒概念的偶像化！打倒自我的偶像化(Selbstvergötterung)！[①]

[①] 上述段落，原文无分段。为便于读者阅读，译者根据上下文进行了分段。——译者

§17 自我的偶像化

当尼安德（Neander）责骂黑格尔把概念偶像化的做法，并声明反对概念的偶像化是他最内在的需要时，他并没有像总是充满愤怒的老年黑格尔派向我们保证的那般不正确。在真正的黑格尔体系中，概念至少还部分地具有一种实体性力量的外观，具有与自我意识分离开来生活的能力。即使这样，因为概念具有高于自我意识之上的优势，它还是能够成为敬拜的对象，即使它只是一个逻辑的对象。

但是，如果尼安德今天还反对概念的偶像化，那么他的反对就是还远远落后于时代的，因此，也与老年黑格尔派的意识一样可笑。老年黑格尔派在当前精神革命的不安中用祭司的膏油保证它们的范畴就是上帝的定义，同时，把他们的概念规定抬高为最神圣的东西，如此一来，他们的学生才可能跪在它们面前。

但是，如果尼安德现在谈到了自我的偶像化，而且他认为，他用自己那神学的闪电也攻击了现代的批判，那么他的错误就是时代巨大进步的一个证据，同时是神学意识没有能力正确理解当前危机的一个证据。

现代的批判终于让人见到了自己，教会他认识自己，把他从他的幻觉中解放出来，教会他把自我意识视为宇宙（Universum）中唯

§17 自我的偶像化

一的创造性力量——视为宇宙本身。

现代的批判会想着把人偶像化吗？也就是说，它会想着使人与自身相异化吗？它会引导人向自己空想的、浮肿的、扭曲的肖像祈祷吗？

毋宁说，现代的批判已经证明了，在宗教中，人恰恰是把自己偶像化了，这就是说，人已经丧失了自己，并且向自己的丧失祈祷。这一页已经翻过去了！神学家只是不愿意相信它，他从来不能够发现它。

> 任何东西都不能使人们沮丧，不能使人们认识到，他向之祈祷的东西是他们自己，他们跪拜的是自己的作品，他们被自己画的古怪的画吓住了，他们想要使自己完全不安，他们想要战栗。甚至于只是因为他们有摆脱自己的恐惧的要求，他们就已经犯下了罪。他们没有认出他们自己不理智的可笑作品。他们的行为像一个在镜子中看到了自己的扭曲表情时吓到自己的小孩。[①]

尽管人一开始是用自己的肤色和面相来构造自己的神的，但是神学在自己的梦中还是没有看到人的本性，同时，为了把神与神的造物区别开，神学赋予了神如此神奇、如此奇特、与我们的精神能够把握住的一切东西都如此疏远的属性，以至于神学迷失在了虚无之中。神学认为这些属性是神应得的，因为

---

① Baron Holbach, *Système de la nature*, Tom. II. Chap. I.

任何人都无法想象它们。①

107　　一旦神学开始思考形而上的神，并且把神的理念与从感觉中得到的一切东西无限地疏远，那么，神学就发现自己被迫再次使人接近神，但是神学已经完全从人中清除了神。通过自己赋予神以道德属性，神学从神中再次制造了一个人。②

当然！神只是与人相异化的人，而且作为这种人不能离开人类。但是，这种被剥夺了人性的人是一种什么样的人啊！

人在自己的神中看到的只是一个人：他极其想要扩展自己的能力和完善性，由此得到的只是一个巨大的、夸张的、空想的人。③

在任何情况下，它都是一个幻想的、空想的人！自我意识的无限性只有在历史中才会实现出来，现在它集中在一个个体身上。他从一开始就能够做一切，也就是什么都不能做；这个人作为人格上全能的人，什么都不能做。

这就是信宗教的人和神学家的自我偶像化。一旦我们希望神学家放弃对自我偶像化的指责，那么我们就能够肯定，任何其他的指责都不能让他难堪了，事实上只有一种指责有这种可能性——唯物主义的指责。

---

① Baron Holbach, *Système de la nature*, Tom. II. Chap. I.
② Ibid.
③ Ibid., Tom. I. Chap. XIX.

§18 唯物主义

什么？你们不想精神再有任何的"火焰"？你们不想再让你们的精神处于"流动"之中？你们不想承认，你们的精神离开了火就是无，你们内心的迟钝材料离开了恰当的湿度就会干枯，并成为坚硬的、无生命的物质？人类使用的语言从一开始不就是唯物主义的语言吗？确实是的！我们将要表明，你们确实是唯物主义者，只不过是完全颠倒的唯物主义者。

如果你们以为：你们对世界的仇恨、你们属神的悲伤、你们在放弃尘世的一切快乐时所证明的勇气，为你们赢得了天堂和永恒的极乐，那么，你们也许在地上就已经赢得了天堂——你们的天堂就是独立于自身粗陋的和无教养的个别性（Einzelheit）。但是，你们必须允许我们正确地表达你们的非分要求，亦即：你们的胆囊、你们的肝脏、你们的迟钝，以及你们内心火焰的错误方向——如果你们有火焰的话——所有这一切都把你们的希望奠基在天国，它们是被你们推崇为属神赐福的自然天赋。

你们的上帝只不过是经验论的自然研究者在胡说八道时称为"隐秘力量"的那种东西。

你们的信仰、你们的信条、你们的信仰体系是被感性冲动充满的幻想的怪胎。你们的礼拜在算计着如何把人降低为最缺乏精神的，如何把这种精神的缺乏变成神圣的，如何引导人最终证明宗教作为不自由的行为揭示了人身上的动物性。

埃德尔曼说：

> 在所有外在的、想象的敬拜上帝的行为中，假如我们引导所谓的无理性的动物做这些行为，那么，我们还能说出哪种行为是它们不能够模仿的吗？还有什么比在特定的时间走进教堂，在那里观看倾听发生了什么，更容易呢？一只狗或一只猫不也能够这么做吗？用人类的带着哭泣的声音哼唱一首歌，这算什么艺术？一只红腹灰雀按照自己的方式不也经常能够甚至更有艺术性地这么做吗？喋喋不休地说出一种背熟的祈祷式、我们的圣父或者信仰，这需要什么努力吗？约·加布里尔·德雷斯勒在他关于动物言谈的博士论文中从科利奥·罗尔多诺那里引用了这种观点，即在罗马、在红衣主教阿斯卡尼的住处，有一只鹦鹉能够逐字逐句地诵读整个基督教的信仰，耶稣会会士尼古拉斯·贝蒂曾经告诉神父莱利奥·比斯齐奥莱，他在热那亚从西班牙使节的窗户中听到了同样一种鸟在唱连祷文[①]。如果在某个地方告解神父阿波罗尼奥·提亚尼奥、梅兰珀和提瑞西亚理解了猴子的语言，猴子难道不也能够带着同样虔诚的扮相告解，并用它的语言完成告解吗？——不要提所谓的圣餐仪式，同样地，一种动物也能以一种像某些人那样

---

① 此处在正文内标注了"参见斯科特（Schott）的 *Phisica curiosa* 和 *Miscellanea curiosa Medico-physico-historica*"，为了行文流畅，将此注释改为脚注。——译者

引人发笑的方式模仿完成它。最后，看一看布道和教义问答，它们也被称为敬拜上帝，我必须承认，一种动物并不能如此轻易地模仿如此艺术性的奇迹事物：只是我不知道，巴兰的驴或者洛多维科·维威的牛在安提阿战争的时代是否没有说过："Roma cave tibi"，意为："罗马，当心！"相比于充了气的风笛（它虽然能为其他人演奏但是自己不能跳舞），这句话在其听众的心灵中唤醒了更多的运动。①

你们将要说，如果对上帝的信仰被推翻了，如果宗教失去了对世界的统治，那么，你们在唯物主义（人类将为其而被牺牲掉）的恐吓面前将感到毛骨悚然：——像法国人对它的理解那样，人类在唯物主义中以一种公正的方式从宗教的恐吓和不道德中解放出来了。

那位狂人喊道："落进活上帝的手中，这是恐怖的；为了不致成为虚无的战利品，思维能力已经成熟的人将使自己投进自然的怀抱。"②

你们说，骄傲把批判家们引向了无神论的体系；你们这么说，是因为你们靠着自己的自负，无法对纯粹心灵的无局限性和单纯性做出任何报复。而批判的条件和报酬就是纯粹心灵。

你们说，忧郁是批判"无节制"（Extravaganzen）的原因。哪怕你们只得到了批判精神的一部分精力和快乐，也不会这么说！——或者说，在我们的风格中，在我们的表述中，在我们清晰的论证中，

---

① Edelmann, *Die Göttlichkeit der Vernunft*, SS. 7-9.
② Baron Holbach, *Système de la nature*, Tom. II, Chap. XI.

能够找到一丝忧郁的迹象吗？你们认为，我们由于忽视你们的职位等级（Beamten-Hierarchie）而产生了报复心理，这种心理已经引诱我们"走得太远了"。但是，你们就没想到，如果我们认为你们同事和团体中的某一个职位是格外好的，那么我们早就已经取得过在一个礼崩乐坏的时代对我们必然最无关紧要的东西？

沙夫茨伯利说，"只有坏的情感才能制造无神论者"。他忽视了造成无神论的其他动机。尽管愤怒或者（如果人们愿意也可以称为）"坏的情感"不是合法的理由，但是为了检验那个不可见的君王的各种非分要求，它们不是正直的有力的动机吗？毕竟人们曾经以他的名义犯下过如此多的罪行。[1]

友爱人类的不可能友爱诸神，友爱诸神的人在任何时代都是地上的真正的灾难。[2]

为了提升人类的幸福和愉悦，即使是"上帝"的名字也必须被避开，而如果是为了最低限度地激发起一种百无聊赖的感觉，那么只需要提一下上帝的名字就可以了。同时，只有在现在，即只有在一个想要借助暴力再次使自己成为完全充满神的时代里，无神论者这个名字、无神论这个词才可能具有价值和意义。即使无神论者的名字只是一种否定性的关系，这个名字现在也不能被鄙弃，因为它

---

[1] Baron Holbach, *Système de la nature*, Tom. II, Chap. XI.
[2] Ibid., Tom. II. Chap. XII.

§18 唯物主义

作为人类首次解放的密码,具有无限的意义。

> 自然对人说:你是自由的,地上的任何力量都不能合法地剥夺你的权利;宗教对人喊道,你是奴隶,是被上帝诅咒的,因为你的整个生命都在上帝代表的惩罚下叹息。①

《自然的体系》事实上已经把人类精神从宗教的愚蠢中解放出来了。人看见自己是置身于世界中的,《自然的体系》已经给这个世界提供了支持,同样地也赋予了它法则。如果你们的上帝会为了自己的名誉而一度如此嫉妒,那么他就不会用太阳和星辰装饰天空,而是会更愿意用不可磨灭的、每一个人都能读懂的字母在天上画下他的名字、他的属性、他的不可变更的意志。

> 虽然神学家们现在对你们说:天空(Himmel)讲出了上帝的名誉!但是,天空证明的仅仅是自然的力量,是自然法则的稳定性,是吸引力、排斥力、重力等自然的能量。②

人们谈到了唯物主义的利己主义生命观,《自然的体系》已经推翻了宗教的利己主义,并且借助于人类按照自己的实践的关系、观点和目的而对世界做出的计算,终结了宗教的利己主义。

在宗教中,人只是从事物是怎样反对人的——亦即事物是如何

---

① Baron Holbach, *Système de la nature*, Tom. II, Chap. VII.
② Ibid., Tom. II, Chap. VIII.

借助人的有局限的目的和需要,来与人发生关系的——从这一观点出发来观察事物,或者如果事物没有同时也成了他希望它们成为的样子,更确切地说,如果事物没有成为他在特定时刻为了满足自己的偶然需要而希望它们成为的样子,他就会对事物发狂和暴怒——即使只是在其奇迹观的无力中对事物发怒。

《自然的体系》完成了斯宾诺莎的原则,即事物高于与我们的偶然需要相关的偶然联系,而且就事物本身而言,必须在其不可变更性和永恒理念中考察事物,把它视为普遍教养的共同财富。

宗教的这种幻觉,即宇宙本身不具有独立性,它只是被一个神从外部推动的。它认为,宇宙与这位正直人士的意愿相反,甚至与他的机械论信条相反,是完全受动的。这种幻觉以及这种幻觉面对宇宙时恶毒的骄傲和自私自利的恶意,都被唯物主义用下面这句话推翻了:"宇宙中的一切都在运动中。自然的本质就是行动。"[1]

因此,在狭隘的信仰体系中,孤立的、无内容的、因而也是始终是恶的和利己主义的主体把自己装扮成了宇宙的目的,因而也把这一主体与大全(das All)分离开了。唯物主义扬弃了这种狭隘的信仰体系,因为唯物主义巩固了简单的真理:"大全不能有任何目的,因为假如大全有一个目的、追求、目标,那么大全就不再是大全了。"[2]

如果说唯物主义的真理,即自我意识的哲学已被发现,而自我意识又被认为是一切,是斯宾诺莎的实体之谜的解答和真正的自

---

[1] *Le vrai sens du Système de la nature*, Chap. II.
[2] Baron Holbach, *Système de la nature*, Tom. II, Chap. V.

因，那么，唯物主义的杰作，即宗教的神学事务的瓦解就完成了。精神为什么存在呢？自我意识为什么存在呢？就好像自我意识在这种由它自身体现的运动中没有自己的目的，也没有首先掌握它自身似的！实际上，自我意识设定世界、设定差别，并且在它自己所创造的东西中创造它自身，因为它重新扬弃了它的创造物和它本身之间的差别，并且只有在创造中和在运动中才是它本身——就好像它在那就是它本身的运动中没有自己的目的似的！就好像它不是在那运动中才占有自身似的！

  运动的整体才是整体，才是大全，才是人们称作绝对的东西，这是《自然的体系》的一个伟大思想。运动的整体是对宗教性的原子和个体的事实上的批判。这种原子和个体希望在自身利己主义的恶中与整体分离，希望以自身的顽固介入运动之中，或者希望欺骗自身，想象自己就是让整体像一个串珠一样在指尖流转的全能之手。《自然的体系》靠自身伟大的观点终结了一切排他性的东西，排除了一切被赋予特权的东西，羞辱了特权的顽固，对自我意识的承认就这样被设定了。在自我意识中，运动的整体作为这种整体才有了自身真正的定在。

  唯物主义否认了你们著名的非物质性，侮辱了你们不从这个世界中获得存在的骄傲，并且把灵魂变成了污秽的灵魂，这让你们感到恐怖了吗？拉·梅特里回答说：

> 一个尘土的心灵，如果它在无数难以把握的概念中间，一眼便看出来它们的关系和次序，显然这个尘土的心灵比一个用什么最贵重的材料拼起来但却愚笨的心灵要好得多。像普

林尼那样对我们出身的微贱感到羞耻,那就不算是什么哲学家了。①

到目前为止,对精神的信仰只是对幽灵的迷信,对精神的非物质性的信仰只是自私自利,这种自私自利把自己与大全相隔绝,欺骗自己进入了自我满足的、欺骗性的迷梦中。法国人推翻了对精神的信仰,指出它就是这种迷信,就是这种自私自利。

他们依然犯了错误,即他们没有把他们体系中的各个要素联合为真正的统一性,或者说,他们的各个个别命题的真理性还没有得到发展。法国唯物主义者的确曾把自我意识的运动看做普遍本质,即物质的运动,但是他们还未能看出,宇宙的运动只有作为自我意识的运动,才真正变成了自为的运动,才达到了与本身的统一。他们首先还是从物质的表面印象来理解自我意识的运动——当然也是从物质的同质性来理解自我意识的运动,因此自我意识的运动最开始就与物质是一种存在。

他们已经从根本上把握住了自我意识与自然的这种统一性——因此,他们本身已经放弃了从动机的印象中得出的那种外在的派生物——,因此,他们说:"理性是被经验(自身记忆)更改后的自然"②;——但是他们还没有进步到提出另一个命题,即提出那种使第一个命题首次为真的命题,亦即自然是理性的变形,是被自我意识设定的自我意识本身的变形。

---

① La Mettrie, *L'homme machine*, S. 4.(可见〔法〕拉·梅特里:《人是机器》,顾寿观译,商务印书馆1959年版,第15页。——译者)

② *Le vrai sens système de la nature*, Chap. IX.

§18 唯物主义

一般而言，他们的错误是，他们只是从人类学上对待人，把人视为被规定了的主体，即被自然规定了的主体，而且——至少在《自然的体系》中——忽视了它作为人民精神的更高规定，忽视了它在历史、艺术和科学中的自由的自我规定[①]——但是，这个错误是可以理解且无法避免的，它是与基督教体系的第一次全面的和整体的对立。在基督教的体系中，人只是孤立的、个别的主体，以同样的方式与人民精神相隔绝，而且被夺走了一切自由的自我规定。

由此来看，这两个体系的片面性是一致的。因此，第一次全面的和普遍为人所理解的斗争是可能的，新体系的第一个决定性的胜利也是必然的。

法国人事实上已经胜利了。如果信徒问：创造了眼睛的上帝不应该看到吗？创造了耳朵的上帝不应该听到吗？——那么，法国人的回答是：自然界形成的眼睛，才是他们自己用来看东西的眼睛。

[①] 尤其参见 1821 年巴黎版的 *Système de la nature*, Tom. I, Chap. VI S. 90, 91。

§19 宗教的最后支柱

基督教界的诸神现在也拥有了多数派，当我们——在1843年初——写下这些文字的那一刻，它们甚至再一次展示了自己的力量，因为它们把对这种不信神做法（Gottlosigkeit）的一场胜利馈赠给了自己的追随者。但是，这是一种什么样的暴力！什么样的胜利！

它事实上必然成为一个无力的偶像，因为它离开火和剑就不能正派地维持自己，而且尽管其黑暗守护者做出了一切反抗，但是它更不能阻止它自己臆想的神圣性，每天都越来越多地在理性的创造物中间衰落下去。[①]

如果当局以值得称赞的和必要的严肃（正统者要求并称赞这种严肃）把其暴力用来反对真理，当局引发了什么呢？真理确实产生出来了。真理完全是个别地出现的，并且对于在缺少最微弱的世俗保护的情况下公开地、没有任何隐藏地向自己的

---

① Edelmann, *Die Göttlichkeit der Vernunft*, S. 140.

敌人表现出自己,真理没有任何疑虑。①

各个教派的《圣经》直到今天都还以任何人都没有勇气触碰的、骇人的支撑为基础;这些支撑叫做监狱、驱逐出境、世俗武装的火和剑。②

神学家们一向只知道夸夸其谈精神自由、纯粹的精神斗争。如果这些神学家们希望自己现在胆大妄为到敢于谈论"精神自由"的话(但是他们因为意识到自己会犯罪,是不敢这么做的),那么他们就会拒绝火,拒绝从他们眼中流露出来的火。然而,有一些人虽然与神学护教士作斗争,但是他们还没有进步到完全自由的程度,在面对现代的批判时,这些人战栗着赞同了警察反对现代批判的暴力手段,他们带着对批判家的激情的怨恨支持了警察的复辟行径。而且,如果在他们报道现代批判著作时已经证明了自己没有能力理解那些著作的论证过程及其结论,甚至证明了自己有一种动物性的不安,这种不安使得他们不可能在那些著作中理解哪怕一个普遍性的命题,或者在这些著作之上提出哪怕一个具有普遍人性的命题,——那么,他们证明了什么?他们证明了,禁止、没收、压制这些书籍满足了他们最内在的要求,证明了他们与这些著作的真正关系:因为对于他们而言,这些著作并不存在。

老年黑格尔派言必称"科学的批判",他们摆出一副如此可怕

---

① Edelmann, *Moses mit aufgedeckten Angesichte*, I, S. 65.
② Ibid., S. 58.

的拉达曼提斯①脸孔谈论着人们对现代批判的指责，即现代的批判缺少对真理的一切感觉，以至于警察——即依旧了解自身的义务，并且知道保护基督教的臣民免遭"谎言、污损、虚假和恶意捏造"伤害的警察——必然立即反对批判的著作。

神学的仇恨在真正危机来临的时刻抓住了半批判家和半哲学家，并把所有的教会狂热者、半思想自由的批判家和思辨神学家一起联合为一个党派。偏见、神学的这种仇恨，以及狭隘性产生的愤怒，是警察的支柱，后者又是宗教的真正支柱。让宗教的否定性愤怒和神学仇恨的巨龙、古蛇发怒吧！龙不再能够使尘世和历史感到不安。控告人类的人、魔鬼的思想，只能够再折磨和拷打人类一次——把人类从历史的中心驱逐出去的狂热危机有可能会变得非常猛烈，但是，人类将幸运地战胜这种狂热，从自身中剔除敌人，把控告者和恶劣的敌人从历史的最边缘地带驱逐到撒旦维齐洛波奇特利（Vitzliputzli）那里，驱逐到魔鬼摩洛克（Moloch）那里，驱逐到恶神阿里曼（Ahriman）那里。人类最终从"恶的存在物"中痊愈。"理性是真正的大天使米迦勒，他能够驯服所有这些愤怒。"②恶的存在物及其"黑天使"③的衰落过程将很快完成。

---

① 在希腊神话中，拉达曼提斯（Rhadamanthus）是克里特岛的国王，也是掌管审判的半神。——译者

② Edelmann, *Die Göttlichkeit der Vernunft*, SS. 316-318.

③ Edelmann, *Glaubens-Bekenntnis*, S. 280.

§20 被激怒的诸神

在自由人必定能够处理好的那些事态的逼迫之下,法国革命被拖进了这样一种状态,为了反对宗教和教会,它动用了警察的暴力。而在这之前,特权曾经利用这种警察的暴力来反对自己的对立面。

法国人还不是自由的,只是刚刚解放了自己;因此,他们还不能真正自由地面对基督教的诸神。

但是,现在不同了:自我意识已经达到了自身自由的确定性,同时在决定性的时刻,它也让不自由的人自由地做不自由的人。自我意识将不会把自由强加于他们。自我意识将用自由战胜世界。

在危机之后,历史将不再是宗教的历史,不再是基督徒的历史;但是对于那些停留在文明世界边缘并且想要保留自己的神的人们,历史将施以蔑视的柔情。

在占领他林敦(Tarent)之后,一个战士问法比乌斯,应该如何对待抢掠来的神像,他此时回答说:我们让他林敦人保留愤怒的诸神。

我们并不希望自己比罗马人更加宽宏大量:我们也将以同样的自由行事。我们让基督徒保留他们的愤怒的诸神。

主要术语译名对照表[①]

A

Abbild 肖像
Aberglaube 迷信
das Absolute 绝对者
Abstraktion 抽象
Aufdringlichkeit 纠缠
das Allgemeine 普遍者,普遍性的东西
anerkennen 承认
Angst 畏惧
Anfang 开端
das An Sich 自在状态
Aufhebung 扬弃,消灭
auffassen 把握
Aufklärung 启蒙
Aufopferung 献祭

B

Bedürfnis 需要
Begierde 欲望
Begriff 概念
Beobachtung 观察
Beruf 使命
Bestimmtheit 规定性
Bestimmung 规定
Beweis 证明
Bewußtsein 意识
Beziehung 关联,联系
Bild 图像
Bildung 教化,教养
Blendwerk 幻觉
das Böse 恶

C

Charakter 性格

D

Darstellung 表述
Dasein 定在,实存

[①] 此对照表为译者所制。

主要术语译名对照表

Denken 思维，思考
Despot 暴君
diktieren 口授
Ding 物，事物

E

Eigenschaft 属性
Eigentum 财产
Einheit 统一性
Empfindung 情感
Entfremdung 异化
entzweien 分裂，二重化
Erd 地上
Erfahrung 经验
Erheben 提升
Erscheinung 现象

F

Form 形式
Freiheit 自由
Fürsichsein 自为存在

G

das Ganze 整体
Gattung 类
Gebot 诫命
Gedanke 思想
Gefühl 感觉
Gegenstand 对象
Geist 精神

Gemeinschaft 群体
Gemüt 心灵
Genuß 享受
Geschichte 历史
Gesetz 戒律，法则，法律
Gesinnung 态度
Gestalt 形态
Gewalt 力量
Gewissen 良心
Glaube 信仰
der Gläubige 信徒
Gleichheit 一致性，平等
Gott 神，上帝
Gut 财富
das Gute 好，善

H

Handel 行动
Handlung 行为
Herr 主人，主，耶和华
Herrschaft 统治
Herz 内心
Heuchelei 伪善
Himmel 天国，天上、天空
Höllenangst 对地狱的极度恐惧

I

Ich 我，自我
Individualität 个体性
Individuum 个体

Inhalt　内容
das Innere　内核
Innerlichkeit　内在性, 内心
Interesse　兴趣, 利益
Ironie　讽刺

J

Jesuitismus　狡猾

K

Kamf　斗争
Katergorie　范畴
Knecht　奴仆, 奴隶
Kultus　崇拜
Kunst　艺术
Kunstwerk　艺术作品

L

Leben　生命, 生活
Leib　身体
Liebe　爱
List　狡计
Lust　快乐

M

Macht　势力, 权力
Mann　男人, 成人
Medium　媒介
Mensch　人
Mittel　中介

Moral　道德

N

Nachbild　摹本
Natur　本性, 自然
Negation　否定
das Negative　否定性的东西
neuer　现代的
Nichtiges　虚无的东西
Nichtigkeit　虚无性
Nichts　无, 虚无
Notwendigkeit　必然性

O

Offenbarung　天启, 启示
Opfer　牺牲, 祭品
Ordnung　秩序

P

Pantheismus　泛神论
Partei　党派
Passivität　受动性
Person　个人, 人物
Persönlichkeit　人格
Pflicht　义务
Prinzip　原则
das positive　肯定性的东西

Q

Qual　痛苦

R

Raum 空间
Realität 实在性
das Reale 实在的东西
Recht 法,法权,权力,有理
Reflexion 反思
Reichtum 财富
Religion 宗教
Revolution 革命
Ruhe 宁静

S

Sache 事情,事物
Schein 假象
Schluss 推论
Schmerz 痛苦
Schuld 过错
Seele 灵魂
Sein 存在
das Selbst 自我
Selbststandigkeit 独立性
Selbstbewußtsein 自我意识
Selbstgefühl 自我感觉
selig 有福的
Seligkeit 极乐
setzen 设定
sinnlich 感性的
Sittlichkeit 伦理
Skeptizismus 怀疑论

Spekulation 思辨
Staat 国家
Stil 风格
Straft 惩罚
Subjekt 主体
Subjektivität 主体性
Substantialität 实体性
Substanz 实体
System 体系

T

Tat 行为
Tätigkeit 活动
Täuschung 错觉
Tautologie 同义反复
Tief 深处
Tier 动物
Tod 死亡
Totalität 总体
Theologie 神学
Theokratie 神权政体
Trieb 冲动
Tugend 德行
Tun 行动

U

Übergang 过渡
übersinnlich 超感性的
Unendliches 无限者,无限性的东西

Unendlichkeit 无限性
Ungeheuer 巨兽, 怪物
Unglück 不幸
das Unmittelbares 直接性的东西
Unmittelbarkeit 直接性
Unseligkeit 厄运
Unterschied 差别
Urbild 原像
Urteil 判断

V

Verbrechen 罪行
Vereinigung 统一
Vergangenheit 过去
Verkehrung 颠倒
Vermittlung 中介活动
Vernunft 理性
Versöhnung 和解
Verschieden 差异
versetzen 置于
Verstand 知性, 理智
Verzweiflung 绝望
Vorstellung 表象, 观念
Volk 民族, 人民

W

Wahrheit 真理
Wahrnehmung 知觉
Weisheit 智慧
die Welt 世界, 尘世
Wesen 本质
Widersprüch 对立
Wille 意志
Willkühr 任意
Wirklichkeit 现实
Wissen 知识
Wissenschaft 科学
Werk 作品
Wunder 奇迹

Z

Zeichen 神迹
Zeit 时代
Zucht 管束
Zufälligkeit 偶然性
Zukunft 未来
Zweck 目的
zweckmäßig 合目的的

鲍威尔生平及其主要著述年表[1]

1809 年	9 月 6 日，出生于爱森贝格，其父为当地瓷器工厂的油漆匠。
1815 年	迁居柏林，入读小学。
1821 年	入读中学。
1828 年	春天，入读柏林大学，跟随黑格尔右派代表人物马海内科学习神学。
1829 年	参加黑格尔命题的征文比赛，完成论文《根据〈判断力批判〉论康德美的学说》(*De pulchri principiis*)，获得普鲁士皇家奖章。
1832 年	4 月，博士毕业。
1834 年	在柏林大学教授神学。
1835 年	论文《评大卫·施特劳斯〈耶稣传〉第 1 卷》("Rezension: *Das Leben Jesu, kritisch bearbeitet* von David Friedrich Strauss. Erster Band")，12 月发表于《科学批判年鉴》(*Jahrbücher für wissenschaftliche Kritik*)，第 109、111、113 期。
1836 年	任柏林大学副教授。
	论文《评大卫·施特劳斯〈耶稣传〉第 2 卷》("Rezension: *Das Leben Jesu, kritisch bearbeitet* von David Friedrich Strauss. Zweiter Band")，5 月发表于《科学批判年鉴》，第 86、88 号。
1837 年	论文《评巴德尔、萨克、朗格和其他人所著的施特劳斯著作述评》

---

[1] 本年表由译者参照侯才教授著《青年黑格尔派和马克思早期思想发展》(中国社会科学出版社 2021 年版)、道格拉斯·莫格琪(Douglas Moggach)教授著《布鲁诺·鲍威尔的哲学和政治学》(*The Philosophy and Politics of Bruno Bauer*)、斯坦福哲学百科等资料编制而成。

1837 年	("Review of Writings on Strauss by Baader, Sack, Lange and Others"),3 月发表于《科学批判年鉴》,第 41、43 号。论文《评大卫·施特劳斯为〈耶稣传〉辩护及其论现代神学之特征的著述》("Rezension: Streitschriften zur Vertheidigiing meiner Schrift über *das Leben Jesu* und zur Charakteristik der gegenwärtigen Theologie von Dr. D. F. Strauss"),11 月发表于《科学批判年鉴》,第 101、103 号。
1838 年	出版 2 卷本的思辨神学代表作《天启故事批判。按照旧约宗教原则的历史发展描述旧约宗教》(*Kritik der Geschichte der Offenbarung. Die Religion des alten Testaments in der gechichtlichm Entwicklung ihrer Prinzipien dargestellt*, Bd. Ⅰ and Ⅱ),由柏林费迪南·杜默尔勒(Berlin: Ferdinand Dümmler)出版。
1839 年	移居波恩,在波恩大学任教,在 1841 年之前与马克思保持密切书信往来。出版了批判虔信派人士亨斯滕贝格的《亨斯滕贝格博士先生。宗教意识批判。论戒律和福音对立的批判书信》(*Herr Dr. Hengstenberg. Ein Beitrag zur Kritik des religiösen Betmißtseins. Kritische Briefe über den Gegensatz des Gesetzes und des Evangeliums*),由柏林费迪南·杜默尔勒(Berlin: Ferdinand Dümmler)出版。
1840 年	著作《普鲁士福音派国家教会和科学》(*Die evangelische Landeskirche Preußens und die Wissenschaft*),由莱比锡的奥托·维干德(Leipzig: Otto Wigand)出版。著作《约翰福音批判》(*Kritik der evangelischen Geschichte des Johannes*),由不莱梅的卡尔·逊纳曼(Bremen: Carl Schünemann)出版。
1841 年	论文《基督教国家与我们的时代》("Der christliche Staat und unsere Zeit"),6 月发表于《哈勒德意志科学和艺术年鉴》(*Hallische Jahrbücher für deutsche Wissenschaft und Kunst*)第 135—140 号。

1841 年	出版 2 卷本专著《符类福音作者的福音故事批判》(*Kritik der mangelischen Geschichte der Synoptiker*)，由莱比锡的奥托·维干德出版。
	匿名出版《对黑格尔这位无神论者和反基督教者的末日审判的号声。最后通牒》(*Die Posaune des jüngsten Gerichts über Hegel den Atheisten und Antichristen. Ein Ultimatum*)，由莱比锡的奥托·维干德出版。
	完成论文《神学之无耻》("Theologische Schamlosigkeiten")，11 月发表于《德意志科学和艺术年鉴》(*Deutsche Jahrbücher für Wissenschaft und Kunst*) 第 117—120 号。
1842 年	鲍威尔被吊销教师资格。在 1848 年之前，一直居住在波恩。
	论文《评英国教会中的最新现象》("Uber die neuesten Erscheinungen in der englischen Kirche")，发表于《莱茵报》1842 年 1 月 20 日副刊。
	论文《现代法国中的各派别》("Die Parteien im jetzigen Frankreich")，发表于《莱茵报》1842 年 1 月 23 日副刊。
	论文《莱茵边界》("Die Rheingrenze")，发表于《莱茵报》1842 年 1 月 30 日副刊。
	论文《德国人对法国的同情》("Die deutschen Sympathien für Frankreich")，发表于《莱茵报》1842 年 2 月 6 日副刊。
	论文《法国各党派的分裂》("Die Zersplitterung der Parteien in Frankreich")，发表于《莱茵报》1842 年 2 月 10 日副刊。
	论文《科隆的四重奏》("Das Köllner Quartett")，发表于《莱茵报》1842 年 3 月 1 日随笔。
	论文《评〈解放战争中的生活场景〉》("Rezension: Lebensbilder aus den Befreiungskriegen")，发表于《莱茵报》1842 年 3 月 1 日、6 日、13 日、31 日副刊。
	论文《德意志"民族"》("Die deutschen 'Nationalen'")，发表于《莱茵报》1842 年 3 月 10 日副刊。
	论文《约瑟夫二世和比利时战争》("Joseph II und die Belgische

| 1842 年 | Revolution"），发表于《莱茵报》1842 年 3 月 13 日副刊。
专著《符类福音作者和约翰福音作者的福音故事批判》(*Kritik der evangelischen Geschichte der Synoptiker und des Johannes*)，第 3 卷，由布伦瑞克的弗里德里希·奥托出版。
论文《〈奥格斯堡总汇报〉的一个趋势》("Eine von den Tendenzen der 'Augsburger Allgemeinen Zeitun' ")，发表于《莱茵报》1842 年 3 月 27 日副刊。
论文《立宪制国家中的冲突》("Die Kollisionen in den konstitutionellen Staaten")，发表于《莱茵报》1842 年 3 月 27 日副刊。
论文《教会与国家政府》("Kirche und Staats-Gouvernement")，发表于《莱茵报》1842 年 3 月 29 日副刊。
论文《德意志帝国如何丢失列日地区的》("Wie Lüttich dem deutschen Reiche verloren ging")，发表于《莱茵报》1842 年 4 月 3 日副刊。
论文《评毕罗-库摩劳 1842 年于柏林出版的〈普鲁士，其宪法、行政及其与德国的关系〉》("Rezension: *Preußen, seine Verfassung, seine Verwaltung, sein Verhältnis zu Deutschland*, von Bülow-Cummerow. Berlin 1842")，发表于《莱茵报》1842 年 4 月 7 日副刊。
论文《什么是教学自由》("Was ist Lehrfreiheit?")，发表于《莱茵报》1842 年 4 月 12 日副刊。
论文《〈奥格斯堡总汇报〉的恐怖主义》("Der Terrorismus der 'Augsburger Allgemeinen Zeitung' ")，发表于《莱茵报》1842 年 4 月 24 日副刊。
论文《〈奥格斯堡报〉的德国文章》("Die deutschen Artikel der '*Augsburger Zeitung*' ")，发表于《莱茵报》1842 年 5 月 1 日副刊。
论文《简论瑞士的出版业》("Etwas über die Presse in der Schweiz")，发表于《莱茵报》1842 年 5 月 3 日副刊。
专著《从信仰的观点评黑格尔关于宗教和艺术的学说》(*Hegels*

1842 年	*Lehre von der Religion und Kunst von dem Standpuncte des Glaubens aus beurtheilt*)，由莱比锡的奥托·维干德出版。
	论文《评〈德国在当前和未来的使命〉》("Rezension: *Deutschlands Beruf in der Gegenwart und Zukunft,* von Tli. Rehmer. Zürich und Winterthur 1841")，发表于《莱茵报》1842 年 6 月 7 日副刊。
	论文《路易·菲利浦和七月政府》("Louis Philippe und die Juli-Regierung")，发表于《莱茵报》1842 年 6 月 19 日副刊。
	论文《一个软弱灵魂的自白》("Bekenntnisse einer schwachen Seele")，发表于《德国年鉴》(*Deutsche Jahrbücher*) 1842 年 6 月 23—24 日第 148—149 号。
	专著《自由的正义事业和我自己的事业》(*Die gute Sache der Freiheit und meine eigene Angelegenheit*)，由苏黎世和温特图尔的文学商行出版社(Zürich und Winterthur: Verlag des literarischen Comptoirs)出版。
	论文《评大卫·施特劳斯〈耶稣传〉图宾根 1840 年版》("Rezension: *Das Leben Jesu, kritisch bearbeitet,* von D. F. Strauss. 2 Bde. Tübingen 1840") 发表于《德国年鉴》1842 年 7 月 10—14 日第 165—168 号。
	论文《犹太人问题》("Die Judenfrage") 发表于《德国年鉴》1842 年 10 月 27 日—11 月 4 日第 274—282 号。
	论文《神学家中间的约翰·克里斯蒂安·埃德尔曼或斯宾诺莎》("Johann Christian Edelmann oder Spinoza unter den Theologen") 发表于《德国年鉴》1842 年 11 月 24 日—25 日第 302—303 号。
1843 年	论文《评大卫·施特劳斯〈在其历史发展中同现代科学战斗的基督教信仰学说〉》("Rezension: *Die christliche Glaubenslehre in ihrer geschichtlichen Entwicklung und im Kampf mit der modernen Wissenschaft,* von D. F. Strauss. 2 Bde. 1840-1841") 发表于《德国年鉴》1843 年 1 月 25—28 日第 21—24 号。

1843 年　　小册子《犹太人问题》(Die Judenfrage), 由布伦瑞克的弗里德里希·奥托出版。

论文《神学意识的痛苦和欢愉》("Leiden und Freuden des theologischen Bewußtseins"), 收录于卢格编《现代德国哲学和政论轶文集》第 2 卷, 由苏黎世和温特图尔的文学商行出版社出版。

论文《评〈不莱梅的福音派真理杂志〉第一卷又名〈当代新教教会中的不同神学趋向〉》("Rezension: 'Bremisches Magazin für evangelische Wahrheil gegenüber dem modernen Pietismus. Erstes Heft.' Auch unter dem Titel: 'Die verschiedenen theologischen Richtungen in der protestantischen Kirche unserer Zeit' von Paniel. Bremen, bei Schünemann 1841."), 收录于卢格编《现代德国哲学和政论轶文集》第 2 卷, 由苏黎世和温特图尔的文学商行出版社出版。

论文《评西罗多·克里夫特的〈教义史导论〉》("Rezension: 'Einleitung in die Dogmengeschichte', von Theodor Kliefoth."), 收录于卢格编《现代德国哲学和政论轶文集》第 2 卷, 由苏黎世和温特图尔的文学商行出版社出版。

论文《评阿蒙博士的〈耶稣生活史〉》("Rezension: Die Geschichte des Lebens Jesu mit steter Rücksicht auf die vorhandenen Quellen dargestellt, von Dr. von Ammon. Leipzig, 1842."), 收录于卢格编《现代德国哲学和政论轶文集》第 2 卷, 由苏黎世和温特图尔的文学商行出版社出版。

论文《旧新约》("Das alte neue Testament"), 收录于卢格编《现代德国哲学和政论轶文集》第 2 卷, 由苏黎世和温特图尔的文学商行出版社出版。

小册子《基督教真相。对 18 世纪的回忆兼论 19 世纪的危机》(Das entdeckte Christenthum. Eine Erinnerung an das 18. Jahrhundert und ein Beitrag zur Krisis des 19), 由苏黎世和温特图尔的文学商行出版社出版。

| 1843 年 | 论文《现代犹太人和基督徒获得自由的能力》("Die Fähigkeit der heutigen Juden und Christen, frei zu werden"),发表于《来自瑞士的 21 印张》,由苏黎世和温特图尔的文学商行出版社出版。

专著《18 世纪的政治、文化和启蒙史》第 1 卷《1840 年以前的德国》(Geschichte der Politik, Kultur und Aufklärung des achtzehnten Jahrhunderts, Erster Band: Deutschland während der ersten vierzig Jahre des achtzehnten Jahrhunderts),由柏林夏洛腾堡的艾伯特·鲍威尔出版。

与埃德加·鲍威尔合著《法国大革命以来的当代史大事记》(Denkwürdigkeiten zur Geschichte der neueren Zeit seit der Französischen Jievolution. Nach den Quellen und Original Memoiren bearbeitet und herausgegeben von Bruno Bauer und Edgar Bauer),由柏林夏洛腾堡的艾伯特·鲍威尔出版。

论文《评讨论犹太人问题的最新著述》("Neueste Schriften über die Judenfrage"),《文学总汇报》(Allgemeine Literatur Zeitung)1843 年 12 月第 1 期。

论文《评辛利克斯〈政治讲演录〉第 1 卷》("Rezension: Hinrichs, 'Politische Vorlesungen', Band 1"),《文学总汇报》1843 年 12 月第 1 期。

1844 年 | 论文《评讨论犹太人问题的最新著述》("Neueste Schriften über die Judenfrage"),《文学总汇报》1844 年 3 月第 4 期。

论文《评辛利克斯〈政治讲演录〉第 2 卷》("Rezension: Hinrichs, 'Politische Vorlesungen', Band 2"),《文学总汇报》1844 年 4 月第 5 期。

小册子《布鲁诺·鲍威尔与埃德加·鲍威尔 1839—1841 年间书信集》(Briefitiechsel zwischen Bruno Bauer und Edgar Bauer während der Jahre 1839-1841 aus Bonn und Berlin),由柏林夏洛腾堡的艾伯特·鲍威尔出版。

论文《外省来信》("Korrespondenz aus der Provinz"),《文学

| 1844 年 | 总汇报》1844 年 5 月第 6 期。
论文《高等书报检查法庭对于布鲁诺·鲍威尔与埃德加·鲍威尔书信集的认识》("Erkenntnis des Oberzensursgericht in betreff der zwei ersten Bogen des Briefwechsels zwischen Bruno Bauer und Edgar Bauer"),《文学总汇报》1844 年 5 月第 6 期。
论文《目前什么是批判的对象?》("Was ist jetzt der Gegenstand der Kritik?"),《文学总汇报》1844 年 7 月第 8 期。
论文《柏林来信之一》("Briefe aus Berlin Ⅰ"),《北德意志报》第 2 卷 1844 年 8 月。
论文《威廉·魏特林》("Wilhelm Weitling"),《北德意志报》第 2 卷 1844 年 8 月。
论文《类与群众》("Die Gattung und die Masse"),《文学总汇报》1844 年 9 月第 10 期。
专著《18 世纪的政治、文化和启蒙史》续:《法国大革命期间的德国》(Geschichte, der Politik, Kultur und Aufltlärung des achtzehnten Jahrhunderts. Fortsetzung: Deutschland während der Zeit der französischen Revolution. Erste Abteilung),由柏林夏洛腾堡的艾伯特·鲍威尔出版。
论文《柏林来信之二》("Briefe aus Berlin Ⅱ"),《北德意志报》第 3 卷 1844 年 8 月。
论文《路德维希·费尔巴哈》("Ludwig Fauerbach"),《北德意志报》第 4 卷 1844 年 10 月。
论文《光明会教令的内部史》("Innere Geschichte des Illuminaten-Ordens"),《文学总汇报》第 11—12 期合订本 1844 年 11 月。
论文《光明会教令的瓦解》("Der Sturz des Illuminaten-Ordens"),《北德意志报》第 5 卷 1844 年 11 月。
论文《科腾地区的光明之友》("Die Lichtfreunde in Kothen"),《北德意志报》第 5 卷 1844 年 11 月。
论文《劳动组织》("Die Organisation der Arbeit"),《北德意 |

1844 年	志报》第 5 卷 1844 年 11 月。
	小册子《关于查禁布·鲍威尔〈18 世纪政治、文化和启蒙史〉第 1 卷案件的卷宗》(*Acktenstücke zu den Verhandlungen über die Beschlagnahme der "Geschichte der Politik, Kultur und Aufklärung des achtzehnten Jahrhunderts" von Bruno Bauer*),由克里斯提纳的维尔纳出版社(Christiania: Verlag von C.C. Werner)出版。
	论文《玛拉特和夏洛特·科尔蒂》("Marat und Charlotte Corday"),《北德意志报》第 6 卷 1844 年 12 月。
	论文《柏林本地劳工阶级福利联合会的第二次大会》("Die zweite Versammlung des Berlin Lokalvereins für das Wohl der arbeitenden Klassen"),《北德意志报》第 6 卷 1844 年 12 月。
1845 年	论文《新教之友及其敌人》("Die protestantischen Freunde und ihre Gegner"),《北德意志报》第 7 卷 1845 年 1 月。
	论文《宗教运动。第一篇论文。群众》("Die religiöse Bewegung. Erster Artikel. Die Masse"),《北德意志报》第 7 卷 1845 年 1 月。
	论文《柏林来信之三》("Briefe aus Berlin III"),《北德意志报》第 7 卷 1845 年 1 月。
	专著《18 世纪的政治、文化和启蒙史》续:《法国大革命期间的德国》第二卷(*Geschichte der Politik, Kultur und Aufltlärung des achtzehnten Jahrhunderts. Fortsetzung: Deutschland während der Zeit der französischen Revolution. Zweite Abteilung: Die Politik der Revolution bis zum Frieden von Basel*),由柏林夏洛腾堡的艾伯特·鲍威尔出版。
	专著《18 世纪的政治、文化和启蒙史》续:《法国大革命期间的德国》第三卷(*Geschichte der Politik, Kultur und Aufltlärung des achtzehnten Jahrhunderts. Fortsetzung: Deutschland während der Zeit der französischen Revolution. Dritte Abteilung. Die Politik der Rniolution von Baseler Frieden bis zum Rastadter*

1845 年	Kongress),由柏林夏洛腾堡的艾伯特·鲍威尔出版。
论文《评路德维希·费尔巴哈》("Charaklerislik Ludwig Feuerbachs"),《维干德季刊》(Wigands Vierteljahrschrift)1845 年第 3 卷。
1846 年	著作《拿破仑统治下的德国史和法国革命史》第 1 卷(Geschichte Deutschlunds und der französischen Revolution unter der Herrschaft Napoleons. Erster Band. Bis zum Frieden von Luneville),由柏林夏洛腾堡的艾伯特·鲍威尔出版。
著作《拿破仑统治下的德国史和法国革命史》第 2 卷(Geschichte Deutschlands und der französischen Revolution unter der Herrschaft Napoleons. Zweiter Band. Drei fahre Kontrerevolution),由柏林夏洛腾堡的艾伯特·鲍威尔出版。
1847 年	与埃德加·鲍威尔、恩斯特·荣格尼茨合著《法国大革命到建立共和国的历史》第 1 卷《立宪制原则同国王和人民党的最初斗争》(Geschichte der Französischen Revolution bis zur Stiftung der Republik, von Bruno Bauer, Edgar Bauer und Ernst Jungnitz. Erster Band: Die ersten Kämpfe der konstitutionellen Prinzips mit dein Königtum und der Volkspartei.),由莱比锡福格特和费曼·塞帕拉特-康拓(Leipzig: Voigt und Fernans Separat-Conto)出版。
与埃德加·鲍威尔、恩斯特·荣格尼茨合著《法国大革命建立共和国的历史》第 2 卷《王权的瓦解和共和国的最初斗争》(Geschichte der Französischen Revolution bis zur Stiftung der Republik, von Bruno Bauer, Edgar Bauer und Ernst Jungnitz. Zweiter Band: Der Sturz des Königtums und die ersten Kämpfe der Republik),由莱比锡福格特和费曼·塞帕拉特-康拓(Leipzig: Voigt und Fernans Separat-Conto)出版。
专著《德国 1842—1846 年党派斗争全史》(Vollständige Geschichte der Parteikämpfe in Deutschland während der Jahre. 1842-1846),由柏林夏洛腾堡的艾伯特·鲍威尔出版。

1848 年	3 月革命之后，从波恩移居柏林郊区的里克斯多夫（Rixdorf），直到 1882 年去世都在这里过着隐居的生活。
1849 年	专著《法兰克福议会的衰落》(Untergang des Frankfurter Parlaments)，由柏林夏洛腾堡的艾伯特·鲍威尔出版。
	专著《从德国新教运动到当前的市民革命》(Die bürgerliche Revolution in Deutschland seit dem Anfange der deutsch-katholischen Bewegung bis zur Gegenwart)，由柏林的恒贝尔（Berlin: Hempel）出版。
	专著《当代革命的衰落和消亡》第 1 卷《法兰西共和国和德意志帝国被拿破仑·波拿巴推翻》；第 2 卷《1842 年以前德国激进运动的兴起和衰落》(Der Fall und Untergang der neuesten Revolutionen. Ⅰ. Der Sturz derfranzösischen Republik und des deutschen Reiches durch Napoleon Bonaparte. Ⅱ. Der Aufstand und Fall des deutschen Radikalismus vorn Jahre 1842)，本书是 1846 年《拿破仑统治下的德国史和法国革命史》第 1 和第 2 卷的重印本。
1850—1851 年	著作《保罗书信考证》(Kritik der paulinischen Briefe)，由柏林的恒贝尔（Berlin: Hempel）出版。
	专著 3 卷本《福音书及其起源史考证》(Kritik der Evangelien und Geschichte ihres Ursprungs)，由柏林的恒贝尔（Berlin: Hempel）出版。
1852 年	专著《福音书及其起源史考证》第 4 卷《对福音书的神学解释》(Die theologische Erklärung der Evangelien)，由柏林的恒贝尔（Berlin: Hempel）出版。
	论文《犹太人当前的地位》("The Present Position of the Jews")，发表于《纽约每日论坛》1852 年 6 月 7 日。
1853 年	专著 2 卷本《俄罗斯与日耳曼文化》(Russland und das Germanenthum)，由柏林夏洛腾堡的艾伯特·鲍威尔出版。
1854 年	小册子《论西方的专制》(De la dictature occidentale)，由柏林夏洛腾堡的艾伯特·鲍威尔出版。

1854年	专著《德国与俄罗斯文化》(Deutschland und das Russenthum)，由柏林夏洛腾堡的艾伯特·鲍威尔出版。
1855年	专著《俄罗斯的教会》(Die russische Kirche)，由柏林夏洛腾堡的艾伯特·鲍威尔出版。
1863年	《异乡的犹太教》(Das Judenthum in der Fremde)，发表于瓦格纳的《国家和社会词典》。
	专著《共济会、耶稣会和光明会的历史关联》(Freimaurer, Jesuiten und lllluminaten in ihrem geschichtlichen Zusammenhange)，由柏林的海尼克(Berlin: F. Heinicke)出版。
1874年	著作《斐洛、施特劳斯、勒南与原始基督教》(Philo, Strauss und Renan und das Urchristenthum)，由柏林的恒贝尔(Berlin: Hempel)出版。
1878年	著作《英国教友会对德国文化和英俄世界教会项目的影响》(Einfluss des englischen Quäkerthums auf die deutsche Cultur und auf das englisch-russische Project einer Weltkirche)，由柏林的欧根·格罗斯(Berlin: Eugen Grosser)出版。
1879年	专著《基督与凯撒。基督教在罗马的希腊文化中的源头》(Christus und die Cäsaren. Der Ursprung des Christenthums aus dem römischen Griechenthum)，由柏林的欧根·格罗斯(Berlin: Eugen Grosser)出版。
1880年	专著《论俾斯麦时代的定向》(Zur Orientierung über die Bismarck'sche Ära)，由开姆尼茨的恩斯特·施迈茨纳(Chemnitz: Ernsl Schmeitzner)出版。
1882年	专著《迪斯雷利斯的浪漫帝国主义与俾斯麦的社会主义帝国主义》(Disraelis romantischer und Bismarcks sozialistischer Imperialismus)，由开姆尼茨的恩斯特·施迈茨纳出版。
	4月13日，在柏林的里克斯多夫去世。恩格斯发表《布鲁诺·鲍威尔与早期基督教》的论文以示纪念。

布鲁诺·鲍威尔的《基督教真相》

李彬彬

青年黑格尔派领军人物布鲁诺·鲍威尔的代表作《基督教真相：对十八世纪的回忆兼论十九世纪的危机》(*Das entdeckte Christentum: Eine Erinnerung an das achtzehnte Jahrhundert und ein Beitrag zur Krisis des neunzehnten*)于1843年由苏黎世和温特图尔的文学商行出版社出版。在这本书中，布鲁诺·鲍威尔以一种决绝的战斗姿态，对宗教尤其是基督教进行了辛辣的批判和全面的揭露。该书出版不久，书报检查机构就发现了这本书的危险，于1843年7月19日查禁了3000册，出版商福禄贝尔先生也因出版该书入狱。[1] 所以，该书一度被认为失传。尽管《基督教真相》由于书报检查制度未能大量发行，但是这本书曾经在马克思、恩格斯、施蒂纳之间流传，[2] 对于我们理解鲍威尔的宗教观以及他和马克思的论争都极为重要。1866年，约翰·埃尔德曼（Johann Erdmann）教授在《哲学史大纲》中透露该书有少量几本在书报检查

---

[1] 参见 Ernst Barnikol, *Das entdeckte Christentum im Vormärz*, Jena: Eugen Diegerichs, 1927, SS. 9–10。

[2] 参见 Ernst Barnikol, *Das entdeckte Christentum im Vormärz*, Jena: Eugen Diegerichs, 1927, S. 28。

机构的查禁行动中保存下来了。1914年，恩斯特·巴尼克尔（Ernst Barnikol）教授在柏林国家图书馆发现了该书的手抄本，后又于苏黎世等地发现了该书幸存下来的印刷版本。他于1927年在《三月革命之前的"基督教真相"》（Das entdeckte Christentum im Vormärz）一书的第83—164页刊印了鲍威尔的这本书，才终于使它重见天日。为方便后来的读者，巴尼克尔教授在重新出版本书时还特意标明了1843年的页码。译者在翻译该书时依据的就是巴尼克尔教授1927年重新出版的这个版本。为方便读者查对原文，本译文所加边码为1843年原版页码，此亦为马克思引用鲍威尔时所使用的页码。

一 时代背景

《基督教真相》是一篇反宗教、反封建专制的檄文。这本书出版的时候，弗里德里希-威廉四世刚于1840年接替其父成为普鲁士的新任国王。新王登基不仅没有给德国得来新的气象，反而因为其维护君主制的种种举措，使得社会上的虔敬主义和迷信更加盛行。这位新国王登基不久，就在进步知识分子中间留下了腐朽僵化的印象。马克思曾把新任国王称为"庸人之王"，他在1843年为创办《德法年鉴》而写给卢格的书信中曾经这样评价这位新国王："小国王比较有朝气，比较聪明，特别重视只受自己心意和理智制约的君主的无上威权。"[①] 马克思在这里明确了新任国王的野心，他要成为按

---

① 《马克思恩格斯全集》第47卷，人民出版社2004年版，第60页。

照自己心意统治整个普鲁士王国的至高君主。而要成为这样的君主，他就必须弱化大众的心智、强化自己的权威。其最有效的手段莫过于强化基督教的统治。

恩格斯在服完兵役后写成的《普鲁士国王弗里德里希-威廉四世》一文中更加详细地描述了新国王为了建立基督教国家而做出的具体举措。他指出："普鲁士国王想把正统主义的原则贯彻到底，……要实现基督教国家，他首先必须向几乎已经不信教的理性主义的官僚国家灌输基督教思想，必须提倡礼拜，想尽一切办法鼓励大家去做礼拜。这些事他一件也没有忽略。他采取措施促使一般人、特别是官吏们上教堂；要求人们更严格地遵守礼拜日的规定；着意实施更严峻的离婚法；有的地方已经开始整顿神学院；在神学考试中虔诚重于知识；许多官职大半由信教的人担任；此外他还采取了许多其他众所周知的办法。它们可以证明：弗里德里希-威廉四世是多么想尽力重新把基督教直接灌输到国家里去，按照圣经道德的戒律制定国家法律。"[①] 恩格斯在这篇文章中指出，弗里德里希-威廉四世表面上是强化基督教权威，实质是为了"迫使教会服从世俗"，强化君主的权威。

《基督教真相》表面上是批判基督教，其实质是反对普鲁士国王正在推行的"基督教国家"原则。与英国、法国在现代国家制度上取得的成就相比，德国的复辟做法格外难以忍受。鲍威尔早在1830年代就开始以"自我意识哲学"批判基督教，他还因此获罪，

---

① 《马克思恩格斯全集》第 2 卷，人民出版社 2005 年版，第 536 页。

最终被禁止在大学任教。在这样一种基督教虔信主义开始盛行的社会背景下,《基督教真相》的命运可想而知。但是,其中对基督教的激进战斗姿态立即引起了进步知识分子的好感。

二 思想历程

《基督教真相》是鲍威尔反对基督教系列著作的结论性著作。鲍威尔1828年春进入柏林大学神学系跟随黑格尔主义者马海内科学习,1832年获得博士学位,1834年成为柏林大学的讲师。在1835—1845年间,鲍威尔的学术生涯大致可以分为三个阶段:1835—1839年的"思辨神学"阶段,1839—1843年的"宗教批判"阶段,以及1843—1845年的"纯粹批判"阶段。[1] 尽管我们可以说,以1839年出版《亨斯滕贝格博士先生》为标志,鲍威尔从黑格尔主义右派变成了黑格尔主义左派,从思辨神学家变成了宗教批判家。但是鲍威尔这三个阶段的著述之间并不存在"断裂式的"跳跃,一个重要的证据是:"自我意识"概念不仅是"宗教批判"的重要工具,而且在"思辨神学"和"纯粹批判"阶段同样扮演着重要的作用。

鲍威尔的思想史地位主要是靠宗教批判确立起来的。当然,宗教批判也是鲍威尔最富有成果的理论领域。仅在出版本书之前,鲍

---

[1] Werner Goldschmidt, "Bruno Bauer als Gegenstand der Marx-Forschung", in: *Jahrbuch des Institute für Marxistische, Studien und Forschung*, 12/1987, SS. 68-81.

威尔以宗教批判为主题的著作就有九本。① 稍微留意一下这些著作，就会发现它们的主题思想并不完全一致，就连这些著作的标题都透露出了它们之间的差异。举例来说：《天启故事批判》(1838)和《亨斯滕贝格博士先生》(1839)的副标题明显地把《旧约》的戒律和《新约》的福音对立起来了；《约翰福音批判》(1840)和《符类福音作者的福音故事批判》(1841)则表明，尽管鲍威尔开始以批判的态度考察四部福音书，但是泾渭分明的标题又透露出鲍威尔认为它们是有差异的。这种差异的图景在《符类福音作者和约翰的福音故事批判》中被抹平了。在《基督教真相》(1843)中，针对基督教的批判似乎更加锋芒毕露。事实上，随着这些著作的写作、出版，鲍威尔对圣经故事的批判越来越彻底，这最终促使他写出一部揭露"基督教真相"的书籍。

尽管鲍威尔的思辨神学是要为神学辩护，但是我们很难把鲍威尔归类为正统的神学家。因为即使在《天启故事批判》这部思辨神学阶段最为重要的著作中，鲍威尔要研究的也是宗教意识在什么意义上实现了主体和对象之间的统一，鲍威尔始终没有忽视自我意识和宗教启示之间的异质性。借助于批判斯特劳斯，鲍威尔得出一个结论，"每一个历史事件都是从个人的活动而且是在他的自我意识范围内开始的"。② 鲍威尔提出，宗教经验并不像虔信派人士所说的那样是对上帝这位超越的绝对者的美妙感受，相反，宗教经验的起源倒是在于主体，是人的自我意识的表达，表征着人获得自我意识

---

① 参见本书中"鲍威尔生平及主要著述年表"。
② 〔波〕兹维·罗森：《布罗诺·鲍威尔和卡尔·马克思：鲍威尔对马克思思想的影响》，王谨等译，中国人民大学出版社1984年版，第45页。

所经历的不同阶段。在《旧约》最初的章节里,人按照戒律的要求服从神的命令表明人和上帝还处于相互外在的关系中;《旧约》接下来出现了"弥赛亚"意识,这种意识代表着一个更高的发展阶段,它表明"具有普遍性的东西已经内在于具体的共同体之中"。不过在这个阶段上,"意识只能提出戒律是不充分的,还没有找出有效地克服它的方法"。① 到了《新约》福音书中,爱成了信仰的基本原则,人和上帝之间相互外在的关系被克服了。

由于鲍威尔此时的目的在于证明自我意识和宗教信仰之间的一致性,他还没有把自我意识和宗教启示置于极端对立的关系之中,因此,思辨神学阶段的鲍威尔并不是一个宗教批判家。但是,以宗教信仰和自我意识之间的关系来判断宗教意识的发展层次,这种做法又预示着他批判宗教时将要采纳的方法。例如,他在《天启故事批判》中就已经明确说明自己是在自我意识的发展历史中对待宗教故事的,而这种做法构成了他在 1840 年代批判宗教的首要特征。他说:"绝对精神的自我意识在自己自由的、以历史为中介的生成中展现了绝对精神的发展,我们的科学概念是由上述发展规定的。它的内容是历史的运动,在这种运动中,启示的概念完成为有生命的理念。我们的科学方法是要在回忆中再生产概念在历史现象中的这种运动,同时也再生产它和理念形态的联系。"② 与当时流

---

① 参见 Douglas Moggach, *The Philosophy and Politics of Bruno Bauer*, Cambridge: Cambridge University Press, 2003, pp. 59–60。

② Bruno Bauer, *Kritik der Geschichte der Offenbarung. Die Religion des Alten Testamentes in der geschichtlichen Entwicklung ihrer Prinzipien dargestellt*, Berlin: Ferdinand Dümmler, 1838, SS. XCIII–XCIV.

行的观点把宗教故事视为人的自我欺骗不同,鲍威尔在这里把它们视为还没有发展完善的自我意识,他试图以这种方法为神学辩护。在鲍威尔看来,启示作为一种历史现象,它的出现并不是偶然的,它是"绝对精神的自我意识",在生成过程中必然会出现。天启故事本身也有它的概念,而且在历史的发展过程中,这个概念会充实、完善自己,形成为理念。鲍威尔的"思辨神学"的核心命意是要说明圣经的天启故事和理念是统一的。但是,由于自我意识的教养是不断进步的,在古典古代出现的圣经故事所代表的自我意识的等级,在历史的发展中早已失去了合理性,宗教的启示故事必然会在人的自我意识发展的历史中被抛弃。因此,圣经的天启故事和哲学的理念之间压根无法建立起真正的统一性。这种自相矛盾的处境导致鲍威尔最终走出了"思辨神学"的领地。

但是相比于"思辨神学"阶段,"自我意识"概念在"宗教批判"阶段的运用更进一步拓展了:它已经不再被单纯地用在神学领域,而且也被应用在历史哲学领域。鲍威尔提出:"世界历史的意义仅仅在于自我意识的生成和发展。"[1] 在他看来,历史可以分为两个阶段:一个阶段是异化和自我二重化的阶段,在这个阶段,人的意识无法在世界中再次认出自身,它把自己的产品视为陌生的力量和自己创造力的桎梏。第二个阶段是异化的消灭:人把陌生的力量和历史客观给定的东西(国家、制度、道德、宗教等)视为自己的产物,从而从所有的限制中解放出来,达到自由的自决。在鲍威尔看来,

---

[1] Bruno Bauer, *Die Posaune des jüngsten Gerichts über Hegel den Atheisten und Antichristen. Ein Ultimatum*, Leipzig: Otto Wigand, 1841, S.70.

新时期出现的拐点就在当下。[1] 鲍威尔之所以把"思辨神学"推向"宗教批判",这源于他强烈的时代责任感。埃德加·鲍威尔曾经这样描述他的兄长布鲁诺·鲍威尔:"要想理解鲍威尔,必须理解我们的时代。……我们的时代是革命的时代。"[2] 此时,鲍威尔开始接受黑格尔的如下看法:在世界历史的范围内,宗教是绝对精神的自我意识形成的最后障碍。新时代的孕育必须要有新的思想观念作支撑,这种新的思想观念的形成必须以打破宗教意识的束缚为前提。"宗教表象的内容虽然是绝对精神",但是以宗教的形式表现出来的精神还不是真正的精神。只有消除宗教形式的束缚,新时代的形成才有教养的基础。这构成了鲍威尔发展自我意识哲学和宗教批判的时代语境。

鲍威尔的宗教批判是要在"普遍的自我意识"生成的过程中定位宗教意识所处的阶段。鲍威尔认为"符类福音"的记载为约翰福音提供了一个基础,"正是在符类福音的坚实基础上,约翰福音才发展出了异想天开的结构"。[3] 而吸引鲍威尔的正是约翰福音纯粹的文学性质,因为这种文学创作让他有可能从中辨别出"约翰福音"中的"自我意识"的教养达到了什么层次。在批判第四福音的过程中,鲍威尔越来越认识到前三部福音书也有可能是纯粹的文学创

---

[1] 参见 Ingrid Pepperle, *Junghegelianische Geschichtsphilosophie und Kunsttheorie*, Berlin: Akademie Verlag, 1978, S.70。

[2] Edgar Bauer, *Bruno Bauer und seine Gegner*, Berlin: Jonasverlagsbuchhandlung, 1842, SS.4-5.

[3] Albert Schweitze, *The Quest of the Historical Jesus. A Critical Study of its Progress from Reimarus to Wrede*, translated by W. Montgomery, A. & C. Black, Ltd., 1910, p. 140.

作，而这种立场是他之前不肯接受的。因为"符类福音"以其相互呼应的内容曾被鲍威尔认为是历史事实的记载。值得注意的是，尽管鲍威尔后来接受了"符类福音"也是圣经作家的文学创作，但是他依然认为"符类福音"的人为的、或者说有意识创作的痕迹比"约翰福音"要轻得多。① 经历了对四部福音书的逐一研究，鲍威尔在 1842 年出版《从信仰出发评黑格尔关于宗教和艺术的学说》时说出了自己福音批判的结论：

> 福音的原始记录是自由的文学作品，其灵魂是简单的宗教范畴。可是，这些范畴的特点是：它们颠倒了现实的、理性的世界诸法则，使自己和自我意识的普遍性相异化了，粗暴地把自我意识的普遍性分离出去，进而把自己固有的东西变成了表象，亦即把它仅仅变成了异化的、天国的故事或者变成了异化的、有局限的、神圣的故事。这些颠倒的、荒诞的、局限于感性的故事，只不过是宗教范畴和受这些范畴制约的作家的空想的产物——一个靠幻觉传播开来的故事，自在地说，是极其受局限的故事，即在普遍理性、历史和自然的废墟上上演的故事。②

经过"约翰福音"和"符类福音"批判，鲍威尔承认它们都是作家创作的文学故事。鲍威尔在批判福音故事时表明，基督教的宗教

---

① 参见 Bruno Bauer, *Kritik der evangelischen Geschichte der Synoptiker*, Bd.1, Leipzig: Otto Wigand, 1841, S. 388。

② Bruno Bauer, *Hegel's Lehre von der Religion und Kunst von dem Standpuncte des Glaubens aus beurtheilt*, Leipzig: Otto Wigand, 1842, S. 61.

意识是异化的自我意识,它把属于理性世界的法则提升为凌驾于理性之上的天国里的法则。对于人的自由而言,首要的不再是"自我意识的普遍性",不再是人本身的理性,而是上帝的赐福。这也表明,基督教的意识依然是受到感性局限的、不自由的意识。

三 主要内容

《基督教真相》是一部反宗教檄文,内容和论证都很简洁有力。与鲍威尔此前的宗教批判的繁琐论证不同,这部著作干脆利落,毫不拖泥带水。全书分为20节,从不同方面揭示了基督教对人的压制。在鲍威尔看来,宗教的本质就是排他性。在《基督教真相》中,鲍威尔开宗明义地界定了宗教。他是通过人和动物的区别说明宗教的本质的,他指出,人类的战争和动物的厮杀是不同的,后者源于愤怒,前者追求和平,同时人在战争中依然会承认对方和自己同属于一个类。但是有一个生活领域,人在其中不可能享受和平,战争是其永恒的主题,它彻底消灭了人的"类意识",这个领域就是宗教。鲍威尔之所以如此界定宗教,是因为在他看来

> 宗教差别——即纯粹的、真正的宗教差别,纯粹的、天启宗教信仰中的差别——是永恒的、无法抹平的。每一个派别都相信自己是人的本质的真正表达,因此每一个派别都必定会否定其他的派别,说明其他派别是非人性的,每一派别都与其他派别相疏离,直到其他派别对它而言变得像一个别的动物物种一样陌生。每一个派别都相信只有自己是永恒的,因此每一个派别

必然会排斥其他派别的永恒性，或者毋宁说，它从而给自身唯一的、排他的合法性打上了永恒的印记，并永远诅咒其他的派别。①

排他性给宗教信徒带来了深重的苦难。首先，由于每一个派别都坚持自己是唯一合法的，它们互相之间一直在不停地斗争甚至不惜战斗，这种斗争和战斗泯灭了人的普遍的类意识，把人再次降到了动物的水平。其次，由于排他性是宗教的本质属性，宗教派别之间的仇恨是无法消除的，宗教信徒为了表示对自己信仰的忠诚就会对其他派别一直心怀仇恨，他们无法感到欢乐，得不到欢愉。第三，宗教的排他性规定了一种宗教只有在与其他宗教相互排斥的时候才能找到自身的存在感，如果一个宗教不再排斥其他宗教或者不再被其他宗教排斥，那只能证明它的信徒不再虔诚，也就是说每个宗教的规定都不在自身之中，它们不是自我规定的，如果其他教派都不存在了，它的存在感也会降低，这导致了宗教意识的不安。

排他性造成的结果是，宗教的信徒一直生活在恐惧和不自由之中。一个宗教越是发展完善，它对信徒的意识的控制就越大，信徒所面对的不幸也就越多。因此，鲍威尔提出："充分发展的宗教就是这个世界的充分发展的不幸。"② 在鲍威尔眼中，基督教作为最为发展完善的宗教，当然也是这个世界最大的不幸。

在《基督教真相》中，尽管鲍威尔很少提及基督教的历史进步

---

① Brono Bauer, *Das endeckte Christentum*, SS.1-2, in: Ernst Barnikol, *Das entdeckte Christentum im Vormärz*, Jena: Eugen Diegerichs, 1927, S.89.

② Brono Bauer, *Das endeckte Christentum*, S.11, in: Ernst Barnikol, *Das entdeckte Christentum im Vormärz*, Jena: Eugen Diegerichs, 1927, S.95.

性,但是他并没有全盘否定基督教。例如,他提到:

> 在基督教中,人类最终摆脱了自然精神。而自然精神证明自己在希腊和罗马的贵族中还是有力量的;在资产阶级的骚动中,自然精神在政治上被窒息了,但是还没能被克服。[1]

正如鲍威尔在《天启故事批判》中所提出的,基督教作为在希腊宗教和罗马宗教的基础上形成起来的宗教,古典精神是孕育它的母体。鲍威尔在这里之所以提出古典时期贵族统治还没有摆脱自然精神,是因为人不是按照自我意识的普遍性被视为一个类,而是按照出身血统等自然条件分为不同的等级。在基督教中,人在上帝面前是平等的,至少这在形式上满足了自我意识的普遍性原则,这是基督教在历史发展中的进步意义。

基督教摆脱了自然精神,它的宗教观点甚至在形式上满足了自我意识的普遍性原则。但是,鲍威尔紧接着指出,基督教所代表的普遍自我意识并没有真正的内容。因为尽管基督教宣扬自由、平等,但是由于这种自由和平等都是以宗教意识为前提的,它们又都转变为了自己的对立面。以自由为例,上帝子民的自由"是一种高于人的自由",它消灭了"真正的人的自由",因为后者"只有通过精神力量的发展和练习才能被赢得和巩固"。基督教的平等同样是虚假的平等,鲍威尔以陶工和陶土的隐喻说明这种平等的伪善。在

---

[1] Brono Bauer, *Das endeckte Christentum*, S.33, in: Ernst Barnikol, *Das entdeckte Christentum im Vormärz*, Jena: Eugen Diegerichs, 1927, S.109.

上帝面前，人是一堆陶土。上帝按照自己的意志把人做成截然对立的贱民和婆罗门。"陶土的平等"是"绝对的不平等"。人在上帝面前都是陶土，表面上看起来是平等的；但是对于人自身而言，由于同样的陶土被做成不同的陶器，人身为不同的陶器却是不平等的。①

基督教所达到的自我意识的普遍性原则不仅没有实质内容，而且它还斩断了人的类意识，构建了一个虚幻的共同体，最终造成了人的不自由。这是因为，基督教虽然教导人人平等，但是这种平等的含义是：每个人都可以基于信仰同等地得到上帝的救赎；同时人只有融入基督教的大家庭，作为一个信徒才和另一个基督教信徒一样，在上帝面前获得平等的地位。"在基督教的体系中，人只是孤立的、个别的主体，以同样的方式与人民精神相隔绝，而且被夺走了一切自由的自我规定。"② 在上帝面前，人一方面成了孤立的个体，另一方面又融入了一个整体之中。这看起来是矛盾的，但是这种矛盾的处境恰恰是基督教信仰造成的：一方面，基督教斩断了人与人之间的一切自然联系，把人还原为只能通过个人的信仰得救的罪人，信仰成了每一个人自我救赎的唯一途径；另一方面，信仰又把单个的人关联起来，使之成为一个种群，信仰的纽带把他们联系在一起形成一个大家庭。以弥赛亚观念为例，每一个信仰上帝的人在弥赛亚降临时都将得到拯救，他们将一同升入天堂，同时不信的人将被罚进地狱，这种观念支撑、强化了信仰共同体的身份。在信

---

① Brono Bauer, *Das endeckte Christentum*, S.33, in: Ernst Barnikol, *Das entdeckte Christentum im Vormärz*, Jena: Eugen Diegerichs, 1927, S.109.

② Bruno Bauer, *Das endeckte Christenthum*, S.115, in: Ernst Barnikol, *Das entdeckte Christentum im Vormärz*, Jena: Eugen Diegerichs, 1927, S.162.

仰中，人被异己的力量控制着，他服务的是上帝，而非自己的目的。这造成了人的不自由。

鲍威尔在《基督教真相》中还颠覆了自己对上帝概念的认知。他在1839年曾经提出："人在追随上帝概念中的必然的东西时，他就是在有意识地追随自己的真实概念。"[1] 他那时认为上帝的概念就是人的真实概念，是人发展完善的理想追求，因此人可以自由地追随上帝。与这种看法相反，他在《基督教真相》中提出：

> 上帝是一切现实存在的非存在，是一切现实思维中的非思维，是思维的限制，或者毋宁说是思维的局限性，是思维的被客观化了的局限性和偏见，同时思维的这种局限性和偏见已经被提升为了一种独立本质。[2]

基督教的上帝具有"全知""全能""全善"的属性，他是一切现实存在的根据和起源。尽管上帝的形象源自于人的思维创造，但是当这个思维成果获得独立存在的时候，他又表现为思维的边界和界限，凌驾于人的思维之上。在鲍威尔看来，人创造了上帝，创造了自己至高无上的父，创造了带他寻找清泉芳草的牧者，他甘愿俯身做他的婴儿和羔羊。

按照鲍威尔自我意识哲学的基本原则，"人作为人，不是自然

---

[1] Bruno Bauer, *Herr Dr. Hengstenberg. Kritische Briefe über den Gegensatz des Gesetzes und des Evangelium*, Berlin: Ferdinand Dümmler, 1839, SS. 47–48.

[2] Bruno Bauer, *Das entdeckte Christenthum*, S.11, in: Ernst Barnikol, *Das entdeckte Christentum im Vormärz*, Jena: Eugen Diegerichs, 1927, S. 95.

的产物,而是他自身之自由的作品。人不是生出来的,而是教化出来的"。[1] 在这个教养过程中,基督教构成了重要的一环。尽管基督教并没有形成真正普遍的自我意识,但是它所形成的异化却是到达那一步必不可少的一个环节。正如他所说:

> 基督教中上帝和人、精神和肉体、恩赐和自由之间的非自然对立……在多大程度上和人的本质相对立,就在多大程度上是人的本质的必然结果。它们和人本身相对立,但是,人的本性和规定性就在于:人在自己的历史发展中与自己相对立,同时只有这种对立达到极致,人和自己本身才会达到和谐。[2]

基督教作为最发达的宗教,它带来了最深重的异化,同时也为消灭异化准备了最充分的条件。这是因为,基督教的上帝乃是以一个宗教表象表现出来的人的形象,基督教以人本身统治人,它构成了最深的异化;但是基督教又认识到了人性的普遍性,只不过局限于宗教信仰的束缚,它还不敢承认这种普遍性。

鲍威尔揭露"基督教真相"是为了促进人的自由。在鲍威尔看来,把基督教造成的异化揭示出来,表明基督教为自我意识构筑了虚假的普遍性,自我意识就能摆脱这种束缚,达到真正的普遍性。

> 现代的批判终于让人见到了自己,教会他认识自己,把他

---

[1] Bruno Bauer, *Das entdeckte Christenthum*, SS.78–79, in: Ernst Barnikol, *Das entdeckte Christentum im Vormärz*, Jena: Eugen Diegerichs, 1927, S.138.

[2] Ibid.

从他的幻觉中解放出来，教会他把自我意识视为宇宙中唯一的创造性力量——视为宇宙本身。……现代的批判已经证明了，在宗教中，人恰恰是把自己偶像化了，这就是说，人已经丧失了自己，并且向自己的丧失祈祷。这一页已经翻过去了！[①]

鲍威尔对基督教的宗教信条和上帝概念的批判证明，上帝这个普遍的实体不过是人的自我意识的产物，只不过在信仰的掩盖下，人不敢承认自己创造了上帝，反而把自身视为上帝的创造物。在批判揭穿了这个宗教的幻觉之后，人的自我意识恢复了自身的地位，成为具有普遍性的存在，从而实现了自我意识的自由。

四　历史地位

鲍威尔宗教批判的价值首先体现在理论领域。关于鲍威尔的宗教批判所具有的理论价值，施维泽（Schweitze）有过这样的评价：

> 鲍威尔对福音书历史的批判价值十几部优秀的《耶稣传》，因为它如同我们现在、在半个世纪之后才能够认识的那样，是解决耶稣传记的困难所存在的最天才、最完备的参考书。遗憾的是，由于他展开问题的那种独断的、过于独断的方式，他自己使他的思想无法对同时代的神学发挥作用。他填埋了他自己登山时所走的路径，以至于一代人致力于重新开掘他已经遇

[①] Brono Bauer, *Das endeckte Christentum*, SS.105-106, in: Ernst Barnikol, *Das entdeckte Christentum im Vormärz*, Jena: Eugen Diegerichs, 1927, S.156.

到的路脉。①

确实，笔耕不辍的鲍威尔在宗教批判中留下了深刻的思想成果，他对福音书提出的很多判断，例如他对四部福音书写作顺序的判断，都为后来的神学家的工作所印证。但是，在当时虔信主义盛行的普鲁士，他的工作并没能在当时的神学研究中发挥应有的作用，这不能不说是一件憾事。

尽管鲍威尔的宗教批判没能充分发挥出它所应有的社会影响，不过其中蕴含的他对政治的激进立场却引起了不小的社会效应。这是因为鲍威尔的宗教批判在基督教日耳曼国家本身就具有政治意义，例如，马克思就曾说过："对宗教的批判是其他一切批判的前提。"② 伴随着宗教批判著作的持续出版，鲍威尔的政治影响力越发扩展开来，他也开始利用宗教批判表达自己的政治意图，评论马太福音的葡萄园寓言就是他借机表达政治意图的一个表现。他提出："这个寓言并不想教导天国里的平等，并不想教导不允许做等级划分，相反它教导的是绝对的对立，即天国的主按照无凭无据的爱好提出的对立。"③

鲍威尔在宗教批判中认为对人的自由的追求有其永恒的价值。真正普遍的自我意识概念蕴含着人的自由和平等的理念。

---

① Albert Schweitze, *The Quest of the Historical Jesus*, pp.159-160. 转引自〔德〕卡尔·洛维特：《从黑格尔到尼采》，李秋零译，生活·读书·新知三联书店 2006 年版，第 459 页。

② 《马克思恩格斯文集》第 1 卷，人民出版社 2009 年版，第 3 页。

③ Bruno Bauer, *Kritik der evangelischen Geschichte der Synoptiker und des Johannes*, Bd.3, Braunschweig: Friedrich Otto, 1842, S.98.

人们并不会说，基督教的原理产生了自由。在宗教的手中，自在地说来最真实的原理——这里说的是普遍平等的原理——也一再被颠倒，而且被转变为它的对立面——平等的思想被转变成任意偏爱的思想，精神平等的思想被转变成受自然限制的特权思想，……只要基督教处于统治地位，有效的就会只有封建主义；当各个民族开始塑造自己的伦理时——和中世纪的目的相反——基督教才受到了第一个有威胁的打击，当宗教原理在法国革命中得到正确的评判时，才有可能出现自由的民族、真实的自由和平等以及封建特权的衰落。①

按照这种理念来衡量基督教和封建主义，它们同样表现为桎梏，原因在于它们都造成了对立，只不过一个是信徒和上帝之间的对立，一个是民众和君主之间的对立。它们都是实现自由、平等需要清除的障碍，对封建王权和等级特权的批判是鲍威尔的宗教批判的必然延伸。

鲍威尔的《基督教真相》在当时的青年黑格尔派中产生了重大影响。施蒂纳在《唯一者及其所有物》中点名评论了这本著作。他说：

基督教并没有被消灭，而信仰者确信无疑地把迄今反对基督教的每一斗争看作是旨在纯洁和巩固基督教，他们这样看是有道理的；因为基督教在实际上只不过更容光焕发，而"被发

---

① Bruno Bauer, *Kritik der evangelischen Geschichte der Synoptiker und des Johannes*, Bd.3, Braunschweig: Friedrich Otto, 1842, SS.99–100.

现了的基督教"[即《基督教真相》——引者注]是人的基督教。我们尚完全生活在基督教时代,因此对基督教耿耿于怀的人恰恰最起劲地致力于"完成"基督教。①

他还提出:"人道的胜利即是基督教的胜利。如此这般'被发现了的基督教'却是完善的封建制度,无所不包的采邑制度,即完全的贫穷状态。"②在青年黑格尔派中,费尔巴哈、鲍威尔和施蒂纳是宗教批判的三位杰出人物。费尔巴哈的看法是,神学就是人本学,上帝只不过是被神化的人,人本身就是神,就是一切事物的尺度。鲍威尔主张神学是非人性,是人的不幸,无神论作为其对立面才能回到人的存在和人性。施蒂纳把正统的基督教以及费尔巴哈和鲍威尔的反神学的观点都视为一种独断论。在施蒂纳看来,费尔巴哈在反神学时提出了一种"人"的宗教,他的"人"是一个幽灵;而鲍威尔虽然认为神学是反人性的宗教,但是他所主张的通过无神论回到的"人性"也是一种幽灵。这些宗教批判家像基督教神学一样再次给人戴上了旧时代的镣铐,只有回到人的独自性,才能给人以自由。

鲍威尔的《基督教真相》对于马克思和恩格斯探索自己的哲学世界观具有重要的推动作用。马克思在《1844年经济学哲学手稿》和《神圣家族》中曾经引述过这本书的内容。通过这两次引用及评论可以看出,马克思对于鲍威尔哲学已经表现出明确的不满。这种

---

① 〔德〕麦克斯·施蒂纳:《唯一者及其所有物》,商务印书馆2009年版,第353页。

② 同上书,第355页。

不满集中表现为,他认为鲍威尔依旧局限于黑格尔哲学,仅仅从"精神"或"自我意识"出发理解人,他们所看到的只是抽象的人,而没有完整地理解"现实的个体的人"。马克思指出,鲍威尔的问题在于,他认为人在现实生活中受到的一切束缚都是其自我意识的产物,所以他仅仅关注通过理论批判推动"有限的自我意识"达到"真正普遍的自我意识"。就算人改变了自己的"自我意识",从头脑中消灭了"剥削""雇佣劳动""资本"等范畴,但是这些东西在现实生活中依旧在束缚着人,假如人们认为自己改变意识就获得了自由,这只不过是在与现实世界和解。在马克思看来,真正的"批判"不能局限于理论中,而是必须改变世界,改造人们的现实生活过程。而且只有改变了人们的现实生活过程,人们的思想才会改变。这就是马克思在《德意志意识形态》中指责鲍威尔是"最大的保守派"的原因。马克思这样说当然是有依据的,例如他在《1844年经济学哲学手稿》中就提出:"要扬弃私有财产的思想,有思想上的共产主义就完全够了。而要扬弃现实的私有财产,则必须有现实的共产主义行动。"[1] 在他看来,鲍威尔的"改变意识的要求"只是在"解释世界",根本无助于人的自由,只有在"改变世界"的实践中才有人的自由的不断生成。但是,如果我们由于马克思说鲍威尔是"最大的保守派",就因此不去了解当时的思想语境,不去阅读鲍威尔的原文,想当然地认为鲍威尔是普鲁士反动政府的拥趸,则又是矫枉过正了。希望本书的翻译,对于汉语学术界了解布鲁诺·鲍威尔这位青年黑格尔派的领军人物能够有些许帮助。

---

[1] 《马克思恩格斯文集》第1卷,人民出版社2009年版,第231—232页。

译 后 记

《基督教真相》是鲍威尔宗教批判系列的收官之作，充分展示了他在宗教批判领域的才华。借用马克思的话来说，这本书"把一切都做得大胆、尖锐、机智、透彻，而且文笔贴切、洗练和雄健有力"。由于马克思曾经在《1844年经济学哲学手稿》和《神圣家族》中明确引用过该书的内容，所以，翻译这本小册子一直是我魂牵梦绕的事情。终于在2018年2月初，我完成了翻译初稿和第一遍修订。在过去的5年多的时间里，我又断断续续对这个译稿做过几遍修订，这才达到基本满意。

关于这本译稿，特作以下说明：

一、此书的德文名为"Das entdeckte Christentum"，直译为《被揭穿了的基督教》。此中译本的译名《基督教真相》取自人民出版社《马克思恩格斯全集》中的译法。

二、此书所参考的德文版中用斜体表示着重强调的词汇，此中译本以在相应词汇下加点的方式进行标注。

三、在此书所参考的德文版的脚注中，作者名和书名多有省略，本译稿一一将其补足完整。

四、本书附一份主要术语译名对照表，方便读者朋友们核对。

五、本书另附一份鲍威尔生平及其主要著述年表，方便读者朋友们了解这位青年黑格尔派领军人物的著述人生。

本书能够顺利出版,离不开商务印书馆的各位领导和编辑龚李萱的大力支持与辛勤劳动,在此一并致以谢意!尤其是龚老师不仅能通德语、工作认真,而且还对马克思和鲍威尔的思想关系有一定了解,极大地方便了译稿的编辑出版。能够经她之手出版本书,实在是一件幸事。

《基督教真相》对于理解布鲁诺·鲍威尔的宗教批判思想具有重要价值,对于全面理解马克思对他的评述具有一定的参考价值。看到它即将出版,我作为译者由衷地感到高兴。当然,译稿中的任何纰漏都由译者负责,恳请读者朋友们多多指正,以便于我们以后进一步完善译稿。

李彬彬

2023 年 3 月 15 日于北京大学

图书在版编目(CIP)数据

基督教真相：对十八世纪的回忆兼论十九世纪的危机/(德)布鲁诺·鲍威尔著；李彬彬译.—北京：商务印书馆，2024(2025.6重印)
ISBN 978-7-100-22816-9

Ⅰ.①基… Ⅱ.①布…②李… Ⅲ.①基督教—研究—欧洲 Ⅳ.①B978

中国国家版本馆CIP数据核字(2024)第065249号

权利保留，侵权必究。

基督教真相
对十八世纪的回忆兼论十九世纪的危机

〔德〕布鲁诺·鲍威尔 著

李彬彬 译

商 务 印 书 馆 出 版
(北京王府井大街36号 邮政编码100710)
商 务 印 书 馆 发 行
北京市十月印刷有限公司印刷
ISBN 978-7-100-22816-9

2024年11月第1版　　　　开本 850×1168　1/32
2025年6月北京第2次印刷　印张 5¾
定价：38.00元